北京市
国民经济和社会发展
第十二个五年规划纲要

2011年1月21日北京市第十三届
人民代表大会第四次会议批准

中国人口出版社

图书在版编目(CIP)数据

北京市国民经济和社会发展第十二个五年规划纲要/北京市发展和改革委员会编. —北京:中国人口出版社,2011.7

ISBN 978-7-5101-0800-6

Ⅰ. ①北… Ⅱ. ①北… Ⅲ. ①国民经济计划—五年计划—北京市—2011~2015 ②社会发展—五年计划—北京市—2011~2015 Ⅳ. ①F127.1

中国版本图书馆 CIP 数据核字(2011)第 131175 号

北京市国民经济和社会发展第十二个五年规划纲要

北京市发展和改革委员会编

出版发行	中国人口出版社
印　　刷	北京和谐彩色印刷有限公司
开　　本	880×1230　1/32
印　　张	4
字　　数	100 千字
版　　次	2011 年 7 月第 1 版
印　　次	2011 年 7 月第 1 次印刷
书　　号	ISBN 978-7-5101-0800-6
定　　价	10.00 元

社　　长	陶庆军
网　　址	www.rkcbs.net
电子信箱	rkcbs@126.com
电　　话	(010)83519390
传　　真	(010)83519401
地　　址	北京市宣武区广安门南街 80 号中加大厦
邮　　编	100054

目　　录

第三篇　发展惠及人民

第四篇　文化彰显魅力

第五篇　城市服务生活

第六篇　绿色塑造未来

第七篇　改革激发活力

第八篇　开放实现共赢

第九篇　未来五年的行动路径

序　　言

跨入新世纪的第二个十年,我们仍处于可以大有作为的重要战略机遇期。经历了国际金融危机洗礼的全球经济正在发生深刻变化,国内处于全面建设小康社会的关键时期和深化改革开放、加快转变经济发展方式的攻坚时期,首都北京在成功实现“新北京、新奥运”战略构想之后,开始步入新的发展阶段,面临难得的历史机遇,也面对风险挑战,制定科学的战略安排对首都立足新的阶段变化、向更高发展水平迈进至关重要。

《北京市国民经济和社会发展第十二个五年规划纲要》是首都着眼建设中国特色世界城市、全面实施“人文北京、科技北京、绿色北京”战略的五年规划,是首都深入推进经济发展方式、加快转变,在新的起点上开创科学发展新局面的重要规划。本规划主要阐明北京市委、市政府的战略意图,明确“十二五”期间首都发展的战略目标、重点任务和发展路径,是全市人民共同奋斗的行动纲领。

本规划编制的主要依据是:《中共中央关于制定国民经济和社会发展第十二个五年规划的建议》、《中共北京市委关于制定北京市国民经济和社会发展第十二个五年规划的建议》,国务院对《北京城市总体规划(2004 年 - 2020 年)》的批复。

第一篇　新时期的战略选择

第一章　过去五年的发展成果

“十一五”时期是北京发展史上极不平凡的五年。在党中央、国务院的坚强领导下，全市上下深入学习实践科学发展观，振奋精神、顽强拼搏、克服重重困难，成功举办了一届无与伦比的奥运盛会，圆满完成了新中国成立60周年庆祝活动筹办任务，积极应对了国际金融危机冲击，有力推动了全市的科学发展，“十一五”规划确定的主要目标任务圆满完成。过去五年是首都经济社会发展质量最高、综合实力提升最快、城乡面貌变化最大、人民得到实惠最多的时期之一。

首都经济实现重大跨越。全市地区生产总值年均增长11.4%，总量达到13777.9亿元，人均超过1万美元。经济发展高端化格局初步形成，中关村国家自主创新示范区加快建设，六大高端产业功能区初具规模，首都经济特征进一步显现，第三产业比重达到75%。经济增长的质量和效益显著提高，地方财政一般预算收入增加1.7倍，节能减排走在全国前列。

社会民生得到显著改善。基本公共服务均等化取得明显成效，基层社区和农村的公共服务能力显著提升。实施“五无”目标管理，实现城乡就业服务和社会保障制度全覆盖，城镇登记失业率为1.37%,社会保障待遇标准大幅提高。城镇居民人均可支配收入年均实际增长9.2%,农村居民人均纯收入年均实际增长9%。创新了社会管理与服务,探索了村庄社区化管理新模式。

城市服务功能明显提升。城市基础设施实现跨越式发展。轨道交通运营里程由114公里增加到336公里,公交出行比例达到40%,区区通高速目标提前实现。水、电、气、热等资源能源供应保障和信息基础设施支撑能力显著提升。空气质量显著好转,二级及好于二级天数的比例从64%提高到78.4%。以绿化隔离带、郊野公园、森林公园为代表的大面积、集中式绿化效果显著。城乡环境更加干净整洁。社会治安持续稳定,安全生产形势持续好转。城市应急管理水平明显提高。

城乡区域发展趋向协调。实施区县功能定位,城市四类功能区差异化、特色化发展格局初步形成。城乡结合部、城市南部和西部等薄弱地区发展加快,重点新城和小城镇建设扎实起步,发展条件明显改善。新农村建设成效显著,各项惠农强农政策全面落实,农民安全饮水问题全面解决,公路、公交和广播电视实现"村村通"。

改革开放取得新的突破。完成市区两级政府机构改革,调整了首都功能核心区行政区划,整合了大兴区与北京经济技术开发区行政资源。行政审批制度改革迈出重要步伐。社会管理体制、财政体制、国有经济、医药卫生、科技教育、价格等重点领域改革取得重要进展。新增国际友好城市12个,一批重大国际会议、会展活动和体育赛事成功举办。跨国公司地区总部累计达到82家,利用外资和对外贸易加快发展。年入境旅游者超过490万人次。

百年奥运梦想圆满实现。成功举办了一届有特色、高水平的奥运会、残奥会，赢得了国际社会高度赞誉，城市国际形象和国际影响力显著提升。奥运筹办有力带动了首都经济社会发展、城市文明进步和服务功能提升。奥运场馆设施为古都北京增添了新的魅力元素，奥运标准提高了首都与国际的接轨水平，奥运经验促进城市运行管理走向成熟，奥运精神成为激励全市人民奋发前进的强大动力。无与伦比的奥运盛会，在首都发展史上留下了浓墨重彩的一笔，对首都发展产生了巨大而深远的影响。

"十一五"规划的圆满完成，"新北京、新奥运"战略构想的全面实现，标志着首都发展进入了新的历史阶段。过去五年的发展不仅创造了巨大的物质财富，更留下了宝贵的精神财富，特别是"人文、科技、绿色"理念上升为城市发展战略，确立了建设中国特色世界城市的宏伟目标，推动北京向更高价值目标和更高发展水平迈进。

第二章　未来五年的发展环境

新世纪的第一个十年已经过去，我们迎来了重要战略机遇期的第二个十年。国际金融危机引发世界政治经济格局出现新变化，但和平、发展、合作仍是时代潮流。国内经济结构面临深刻调整，加快转变经济发展方式成为实现科学发展的必然选择。进入新时期的北京，在发展水平实现跨越之后，面临新的发展环境和要求。

一、新趋势新要求

"十二五"时期，是首都在新的起点上全面建设小康社会的关键时期，是深化改革开放、深入推进经济发展方式加快转变的攻坚时期，全市发展呈现新的阶段性特征和要求。

开放竞争格局深刻调整的新阶段。当今世界正在发生深刻变化，经济全球化深入发展，科技创新孕育新的突破，国际市场分化组合，特大城市在全球网络中扮演着日益重要的角色。作为国家首都的北京，伴随着发展阶段的变化，需要以更宽阔的视野审视发展，以世界城市为坐标系定位发展，在更高层次上参与全球分工。

经济发展方式深度转变的新阶段。国内外产业变革和调整加快进行，资源环境压力正在转化为科技创新的强大动力。首都经济在服务业主导格局总体确立、消费拉动作用日益突出之后，面临着发展动力转换、产业结构深度调整和升级的任务。需要更加注重高端引领、创新驱动、绿色发展，走技术含量高、经济效益好、资源消耗低、环境污染少、人力资源优势得到充分发挥的科学发展道路。

城市布局和形态走向完善的新阶段。国家区域发展总体战略深入实施，城市群加快形成，对核心城市发展提出了更高要求。北京城市发展战略布局总体架构已经确立，开始进入调整完善的关键阶段。推动城市发展逐步走向成熟，需要更加注重总结把握特大型城市在建设、发展、布局、管理上的规律，立足更大空间范围塑造城市，持续推进城镇体系和功能布局完善，促进均衡协调发展，增强对自身发展的战略支撑和对区域的辐射带动。

社会加速转型的新阶段。发展水平持续提升，推动多层次社会需求不断涌现，促使社会结构和形态深刻变化，不同社会群体的价值取向和利益诉求更趋多元。顺应人民过上更好生活的新期待，需要把保障和改善民生摆在更突出位置，整体提升社会福祉,更加重视社会管理方式创新和公共政策协调适应,促进不同群体利益的均衡与协调,更好地引导社会和谐。

竞争力拓展提升的新阶段。发展的竞争不仅表现为硬实力的竞争,还表现为软实力的竞争。伴随全球化、信息化的深入发展,软实力竞争已经成为城市竞争力的核心要素。需要把推动文化发展、提升城市管理作为城市发展的重要战略,充分发挥文化引导社会、教育人民、推动发展的功能,把握特大型城市运行管理的规律,以文化、管理等软实力的提升促进城市竞争力新的提升。

改革攻坚突破的新阶段。发展环境和发展阶段的深刻变化,对深化改革提出了更为迫切的要求,深层次利益调整使改革面临更为复杂的抉择。需要以更大决心和勇气,全面推进各领域改革,更加重视顶层设计和总体规划,更加重视制度创新和策略选择,为科学发展提供有力保障。

二、新机遇新挑战

未来五年首都发展仍然处于可以大有作为的重要战略机遇期,面临着新的发展机遇和一系列有利条件。国家综合国力和首都城市影响力整体提升,使国际社会更加关注中国、关注北京,为我们寻求多方面、多层次合作提供了重要机遇。首都服务功能拓展提升和潜力释放,全国政治中心、文化中心、国际交往中心和正在形成的国家创新中心的功能显著增强,为我们在更高层次上参与全球分工、实现更高水平发展提供了新的契机。人文北京、科技北京、绿色北京发展战略和中国特色世界城市长远目标得到确立,成为全市上下凝心聚力、持久推进首都科学发展的强大动力。城市化快速推进和消费结构加快升级,在有效带动发展的同时,不断推动供给升级,为我们优化经济结构、深入推进经济发展方式加快转变创造了新的条件。城市发展空间格局优化和新发展区域崛起，推动新的增长极加快形成，为长期平稳较快发展注入新的活力。区域城市群的蓬勃兴起和共同发展，有利于在更大范围配置资源，拓展发展腹地，为增强首都经济的辐射带动能力形成了新的支撑。

与此同时，国际国内经济形势更趋复杂多变，外部环境不确定性因素增多，需要我们增强忧患意识，冷静观察、沉着应对，并集中力量解决好制约和影响首都科学发展的不平衡、不协调、不可持续问题：人口资源环境矛盾更加突出，尤其是城市人口规模过快增长给资源平衡、环境承载、公共服务和城市管理带来严峻挑战。特大型城市建设和运行管理的压力更加凸显，交通拥堵、垃圾治理等困扰人们生活的问题日益突出，保障城市常态安全运行和应急协调面临更大考验。国内外多层面竞争更加激烈，世界范围内对经济、科技制高点，以及国内地区间对高端要素和产业资源的竞争日益加剧，深入调整结构、实现创新驱动发展需要付出更大努力。社会结构变化更加复杂，教育、医疗、健康、住房、社会保障、收入分配和人口老龄化等问题日益成为社会关注的焦点，多元利益诉求协调难度加大，社会管理工作亟待加强。城乡区域协调发展的要求更加迫切，改变薄弱地区发展状况，逐步缩小城乡差距，仍需付出艰苦努力。能够充分释放发展活力的改革攻坚任务更加艰巨。

总之，“十二五”时期首都发展的机遇与挑战并存，机遇大于挑战。必须牢固树立紧抓机遇、加快发展的意识，深刻把握发展趋势和规律，充分利用一切有利条件，积极解决突出矛盾和问题，争创发展的新优势，在新的起点上推动首都的科学发展。

第三章　未来五年的发展目标

一、指导思想

“十二五”时期是推动首都科学发展的关键时期。我们要认真贯彻落实党的十七届五中全会精神，牢牢把握科学发展这个主题，更加注重以人为本，更加注重全面协调可持续发展，更加注重统筹兼顾，更加注重保障和改善民生，使首都的发展与城市性质和功能相协调；牢牢把握加快转变经济发展方式这条主线，坚持以经济结构战略性调整为主攻方向，坚持以科技进步和创新为重要支撑，坚持以保障和改善民生为根本出发点和落脚点，坚持以建设资源节约型、环境友好型社会为重要着力点，坚持以改革开放为强大动力，使首都的发展与人口资源环境的承载能力相适应；牢牢把握可以大有作为的重要战略机遇期，认真落实国务院批复的北京城市总体规划提出的“以建设世界城市为努力目标，不断提高北京在世界城市体系中的地位和作用”的要求，大力弘扬北京奥运精神，以更高的标准推动首都的科学发展。

全市发展的指导思想是：高举中国特色社会主义伟大旗帜，以邓小平理论和“三个代表”重要思想为指导，深入贯彻落实科学发展观，认真贯彻中央对北京市工作的一系列重要指示精神，以科学发展为主题，以加快转变经济发展方式为主线，顺应人民群众过上更好生活新期待，深化改革开放，全力推动人文北京、科技北京、绿色北京战略，进一步提高“四个服务”水平，努力打造国际活动聚集之都、世界高端企业总部聚集之都、世界高端人才聚集之都、中国特色社会主义先进文化之都、和谐宜居之都，推动北京向中国特色世界城市迈出坚实的步伐。

在发展中要切实注重以下五个方面：

——**强化创新驱动**。坚持高端引领、创新驱动、绿色发展，不断创新发展理念、发展模式，把推动发展的动力加快转移到更多依靠科技进步、劳动者素质提高和管理创新上来。加强创新能力建设，提升自主创新水平，增强经济长期竞争力。深入推进节能减排，提升生态文明水平，走绿色低碳、生态友好发展之路。更加注重扩大内需，特别是增强消费拉动作用，持续推进产业优化升级，增强经济发展的协调性、稳定性和可持续性。

——**增强服务功能**。把不断完善和提升首都服务功能作为发展的主要着力点，走增强服务功能与发展服务产业有机融合之路，在服务区域和国家发展的过程中，实现自身的新发展和服务的新提升。着力推进服务功能区建设，塑造世界一流的服务标准和环境，吸引高端要素聚集，增强科技创新、金融服务、商务服务、信息服务功能，更好地辐射带动区域发展和参与全球经济分工。更加注重文化软实力培育，持续提升城市的竞争力和影响力。

——**优化空间布局**。坚持分区域功能定位发展，把优化区域功能配置、完善空间布局形态作为重要支撑，切实提高城乡一体化和区域协调发展水平。着力优化、疏解中心城功能，促进旧城保护与发展。加快推进新城功能完善和新区发展，更加注重薄弱地区发展提升，加快城市空间格局由功能过度集中在中心城向多功能区域共同支撑转变，塑造城乡一体、多点支撑、均衡协调的战略发展格局。

——**提升城市管理**。坚持统筹城市规划、建设与管理，把提高城市治理效能摆在更加突出的位置，全面提升城市运行管理和服务水平，促进城市的规划、建设与经济社会发展更加协调。把人口、交通、环境和社会公共服务作为城市战略管理的重点，使城市的发展更好地服务于生活。加强城市战略资源管理，统筹常态与应急、供给与排放、地上与地下、城区与郊区，推进城市管理的精细化、智能化，使城市的运行更加安全高效。

——**推动成果共享**。坚持以人为本，把保障和改善民生作为根本出发点和落脚点，使发展成果更好地惠及全体人民。着力完善各项制度和政策安排，深入推进基本公共服务均等化，为市民高质量生活提供更好的服务。处理好经济发展和收入分配的关系，努力提高城乡居民收入水平。更加注重社会服务管理创新和运行调节机制完善，促进社会公正、和谐、稳定与不断进步。

二、主要目标

“十二五”时期全市发展的主要目标是：紧紧围绕人文北京、科技北京、绿色北京战略和建设中国特色世界城市的目标，按照在推动科学发展、加快转变经济发展方式中当好标杆和火炬手，走在全国最前面的要求，率先形成创新驱动的发展格局，率先形成城乡经济社会一体化发展新格局，努力把北京建设成为更加繁荣、文明、和谐、宜居的首善之区。

——**经济平稳较快发展**。率先形成创新驱动的发展格局，综合经济实力和竞争能力显著增强，为国家发展服务的功能进一步完善。地区生产总值年均增长8%，地方财政一般预算收入年均增长9%，价格总水平保持基本稳定。中关村国家自主创新示范区初步建成具有全球影响力的科技创新中心，战略性新兴产业的支柱地位初步形成，服务业占比达到78%以上，“北京服务”、“北京创造”品牌和影响力明显增强。

——**居民收入较快增加**。城镇居民人均可支配收入、农村居民人均纯收入扣除价格因素年均增长8%，低收入者收入明显增加，中等收入群体持续扩大，收入差距不断缩小。市民健康水平得到显著提升，市民生活质量不断提高。

——**城乡环境更加宜居**。率先形成城乡经济社会发展一体化新格局。全市生态服务价值进一步提高，林木绿化率提高到57%。交通拥堵现象得到有效治理，中心城公共交通出行比例达到50%。万元GDP能耗、万元GDP二氧化碳和主要污染物排放持续下降，空气质量二级和好于二级天数的比例达到80%。基本实现城市生活垃圾零增长、污水全处理。城市管理的精细化、智能化水平进一步提高。

——**社会发展和谐稳定**。公共服务体系更加完善，基本公共服务均等化程度明显提高。城镇登记失业率控制在3.5%以内。城乡社会保障体系基本健全，社会保障卡覆盖所有保障人群。中低收入群众的住房条件得到明显改善。社会管理和服务体制更加完善。人口调控管理服务能力进一步增强，防范和化解社会矛盾的机制更加健全，社会治安防控体系更加严密，社会更加和谐稳定。

——**文化大发展大繁荣**。社会主义核心价值体系建设更加深入，市民文明素质和城市文明程度进一步提高。历史文化资源得到有效的保护、挖掘、传承和利用，文化创意产业和文化事业迅速发展。首都科技、教育、文化等资源优势充分彰显，城市文化软实力显著提升，全国文化中心功能显著增强。

——**改革开放深入推进**。有利于推动科学发展、加快经济发展方式转变和推动自主创新的体制与制度进一步健全和完善，重点领域和关键环节改革取得明显进展，市场在资源配置中的基础性作用得到充分发挥。行政管理体制改革进一步深化，行政效能进一步提高。对外开放的深度和广度进一步拓展，成为国际社会重大活动的重要目标地和国际一流的旅游中心城市。

表1 “十二五”时期经济社会发展主要指标

类别	序号	指　　标	目　　标	属　性
经济发展	1	地区生产总值年均增速(%)	8	预期性
	2	服务业占地区生产总值比重(%)	>78	预期性
	3	最终消费率(%)	60	预期性
	4	地方财政一般预算收入年均增速(%)	9	预期性
社会发展	5	城镇居民人均可支配收入、农村居民人均纯收入年均增速(%)	8	预期性
	6	城镇登记失业率(%)	≤3.5	预期性
	7	城乡居民养老、医疗保险参保率(%)	95	约束性
	8	城镇职工五项保险参保率(%)	98	约束性
	9	全市从业人员平均受教育年限(年)	12	预期性
	10	亿元地区生产总值生产安全事故死亡率降低(%)	>[38]	约束性
	11	重点食品安全监测抽查合格率(%)	>98	约束性
	12	药品抽验合格率(%)	≥98	约束性
创新发展	13	全社会研究与试验发展经费支出占地区生产总值的比重(%)	>5.5	预期性
	14	每万人发明专利授权量(件)	8	预期性
	15	年技术交易额(亿元)	1800	预期性

续表

类别	序号	指标	目标	属性
绿色发展	16	万元地区生产总值能耗降低(%)	[17]	约束性
	17	万元地区生产总值水耗降低(%)	[15]	约束性
	18	万元地区生产总值二氧化碳排放降低(%)	[18]	约束性
	19	城市空气质量二级和好于二级天数的比例(%)	80	约束性
	20	二氧化硫、氮氧化物、化学需氧量和氨氮排放减少(%)	[达到国家要求]	约束性
	21	中心城公共交通出行比例(%)	50	预期性
	22	再生水利用率(%)	75	约束性
	23	生活垃圾资源化率(%)	55	约束性
	24	全市林木绿化率(%)	57	约束性
	25	耕地保有量(平方公里)	2205	约束性

注:地区生产总值年均增速按可比价格计算;城镇居民人均可支配收入、农村居民人均纯收入年均增速为扣除价格因素后的实际增速;[ ]内为五年累计数。

第二篇　创新驱动发展

转变经济发展方式是首都应对人口资源环境挑战、实现持续健康发展的根本之路。“十二五”时期，面对日新月异的产业技术变革、激烈的国内外市场竞争和不断强化的资源环境约束，要在全球和区域经济分工中占领高端、争取主动，必须把强化创新驱动作为重要着力点，紧紧围绕服务经济、总部经济、知识经济、绿色经济的首都经济特征，统筹服务好、调动好各类资源要素，深入推进经济发展方式转变，全面提升经济发展质量，显著增强首都经济的竞争力、影响力和辐射力，使首都经济走上高端引领、创新驱动、绿色发展的轨道，率先形成创新驱动的发展格局。

第一章　建设国家创新中心

全面实施“科技北京”战略，全力以赴抓好中关村国家自主创新示范区建设，实施《中关村国家自主创新示范区条例》，用好用足各项先行先试政策，切实发挥其引领带动和支撑作用，着力聚集整合创新要素，着力加强创新制度安排，着力推进创新成果产业化，把北京建设成为国家创新中心，持续推进竞争力提升，更好地服务于区域和全国创新发展。

一、搭建首都创新资源平台

依托首都创新资源密集优势，加强央地合作、校企合作、军民合作、内外合作，充分发挥中关村科技创新和产业化促进中心的作用，以项目为载体，以技术研发为核心，以产业化为目标，集成和整合各方面创新资源，推进产学研用的有机结合，构造形成高效有力的首都创新资源平台，提升创新和成果转化能力。

完善创新支持与服务体系，强化支撑服务。统筹推进重大科技成果产业化，五年统筹500亿元财政资金，支持国家科技重大专项、科技基础设施和重大科技成果产业化项目。加大科技金融服务，开展符合科技企业特点的金融产品和服务创新，更好地满足创新需求。提升创新型人才服务，为创新人才引进、培养和发挥作用提供良好服务。完善新技术新产品政府采购和应用推广服务，积极争取将更多的北京创新产品列入国家政府采购目录，促进新技术、新产品的应用和推广。着力抓好政策先行先试工作，推进示范区先行先试政策更为有效地落实。加强规划建设服务，促进创新资源合理布局，为创新发展提供基础条件和有力支撑。

二、完善创新激励和支持机制

充分利用中关村国家自主创新示范区体制机制先行先试的政策优势，围绕人才、资本、技术等核心创新要素，着力完善各项制度和政策安排，强化激励引导，形成激励创新、服务创新的机制和良好环境。

完善人才培养和激励机制。认真落实国家和本市人才发展规划，坚持人才优先发展，大力培养、引进和使用人才，建设首都世界人才聚集高地。注重人才、团队、项目一体化引进，创建优良的学术环境，集中力量建设中关村人才特区。创新人才管理模式，落实“千人计划”、“北京海外人才聚集工程”和“中关村高端人才聚集工程”，在全球范围内招纳和吸引高端领军创新人才和高层次创业人才。依托在京国家重大科研项目、重大工程、国际科技合作项目以及重点学科和科研基地建设，加强人才联合培养、融合发展。完善人才在企业、高等院校、科研院所之间的双向流动机制，形成一批懂技术、善管理，具有国际化视野的复合型创新人才和团队。通过加大政府奖励和实行股权、期权、年薪制等多种方式，增强对关键岗位、核心骨干人才的吸引和激励。深入开展科研院所、国有企业股权激励和分红试点，扩大股权激励试点范围，推进科研成果处置权和收益权政策试点。逐步扩大科技重大专项经费列支间接费用试点范围，提高间接经费列支比例上限。加强人才服务，在户籍、出入境、医疗、保险等方面为高层次人才创造便利条件。营造尊重人才的社会环境、促进优秀人才脱颖而出。

完善科技与资本对接机制。构建形成覆盖技术创新和产业发展全过程的多功能、多层次金融服务体系。大力支持境内外股权投资、创业投资机构在京聚集和发展。设立战略性新兴产业创业投资引导基金。支持境内外个人和机构开展天使投资业务。支持股权投资基金的设立和发展。实施高科技企业并购重组计划，支持企业利用资本市场进行兼并重组、做强做大。“十二五”时期力争新增上市公司100家以上，在资本市场形成更具影响力的“中关村板块”。进一步扩大和完善中关村代办股份转让试点，推进建立国家统一监管下的全国场外交易市场。推动科技金融产品和服务创新，进一步扩大信用贷款、信用保险、股权质押贷款、知识产权质押贷款的规模，完善再担保机制，支持小额贷款机构发展，推动科技保险试点，完善面向科技企业的金融服务。把中关村建设成为全国科技金融创新中心。

完善政府资金支持机制。从支持研发为主向支持研发与提供市场并重转变。完善政府采购自主创新产品相关制度，不断扩大采购比重和范围，五年采购总额超过300亿元。积极探索建立非政府机构购买使用重大自主创新产品的支持机制，加快创新产品的社会化推广进程。更加注重采用市场化的支持方式，从直接补贴、贷款贴息等投入为主，向支持发展创投基金、创投引导基金、股权投资基金等转变，发挥好政府投资的引导放大作用，提高资金利用效率。

完善企业创新鼓励机制。增强企业创新主体地位，促进创新要素向企业集聚，政府性科技经费投入向企业倾斜，鼓励企业提高研发投入比重。落实高新技术企业认定、研发经费加计扣除、教育经费列支等方面的政策。开展支持创新创业的外汇管理改革试点。改革高等院校和科研院所技术成果管理制度，完善高校与企业、产业园区的科研成果衔接机制，提高创新成果转化效率。在市场准入、业态管制放开、要素市场落户等领域支持民营科技和中小企业发展，激发民营经济的创新潜力。支持民营企业、新型产业组织参与国家重大科技项目等国家创新计划。

完善知识产权的激励和保护机制。实施知识产权战略，推动知识产权创造、管理、保护、应用相结合，使其成为企业提高成长性与竞争力、培育新业态与制定新标准的重要基础和手段。健全知识产权服务体系，促进知识产权有效转移和转化实施。激励高新技术企业申请专利、注册商标，支持企业和产业技术联盟构建专利池。实施标准化战略，搭建标准创新和检测认证公共服务平台，开展中关村国家自主创新示范区标准创新试点，推动标准创制和实施。

三、全力推进创新成果产业化

坚持以市场需求为导向，特别是瞄准经济社会和城市发展的重大紧迫需求，着力完善以企业为主体的产学研用一体化的创新体系，显著提高科技创新成果转化和产业化水平。

集聚一批高端创新资源。深化国际创新合作，积极吸引国外大型企业、国际知名实验室设立研发机构，发展区域性和国际研发总部。引进由战略科学家领衔的研发团队，建设具有世界一流水平的科研机构。加强与高等院校和科研院所的全面合作，鼓励与企业联合共建工程中心、工程实验室和技术中心。大力支持企业牵头组建产业联盟、技术联盟、标准联盟等新型产业组织，加强行业关键共性技术研发。支持企业引进国外先进技术，加强引进技术消化吸收再创新。

抓好一批基础科学研究。加强科研项目筛选、科研后备力量培养和科技成果储备。鼓励在京研究机构积极承接国家基础研究项目。提高基础研究以及相关教育的投入，支持开展城市环境、能源科学、安全健康、新型材料等领域的基础研究，夯实创新基础。

突破一批关键核心技术。积极承接和推进国家重大科技专项和科技基础设施，在后 3G 移动通信、物联网、超级计算、云计算、新能源汽车、航空航天及卫星应用等领域攻克核心关键技术，为国家布局战略性新兴产业提供科技支撑，形成更多的创新成果。大力推进实施核心元器件高端通用芯片及基础软件、极大规模集成电路制造装备及成套工艺、新一代宽带无线移动通信网、高档数控机床与基础制造装备等重大科技专项。加快推进蛋白质、重大工程材料服役安全研究评价、航空遥感、先进光源等国家重大科技基础设施建设，围绕重大科技基础设施项目建设综合科学中心。

加快转化一批创新成果。健全重大科技成果发现、筛选机制，建立重大项目落地协调服务的市区联动机制，支持建设重大项目投融资平台和产业化基地。探索完善高等院校、科研院所等研究机构承担重大专项课题成果的转化机制。建立军地科技成果转化协调机制，促进军民融合式发展。通过国有资本有序进退，引导国有资本承接重大科技成果转化。扶持引导民营资本参与创新成果转化。实施“双百工程”，围绕城市应急、交通管理、环境治理、安全生产等关键问题，组织开展关键技术应用和示范工程，实施100个以上重点示范应用项目，实现100项重大科技成果产业化。

做大做强一批创新型企业。培育和壮大产业链整合能力强、主导产业链分工、能够更大范围配置产业资源的企业，培育一批国际知名品牌。实施创新型企业“十百千工程”，选择300家以上重点企业，集中政策资源重点支持，形成一批具有全球影响力的千亿级规模企业、产业带动力大的百亿级规模企业和高成长的十亿级规模企业。加快培育专业性强、产品和服务特色鲜明、细分市场占有率高、成长速度快的重点企业，深入实施“瞪羚计划”，形成一批“专、特、精、新”的小巨人企业。继续营造有利于创业的氛围。

四、强化教育战略支撑作用

全面实施中长期教育改革和发展规划纲要，坚持教育优先发展，充分发挥教育对推动创新、培养人才的基础性作用，为国家和首都持续发展提供高端人才支撑和科技智力服务。

推进首都高等教育内涵发展。完善高校法人治理结构，扩大高校办学自主权，把创新人才和高技能人才培养作为高等教育学校评价的重要因素，推动教学资源向教学一线倾斜，大力提升首都高等教育的人才培养、知识创新和社会贡献能力。继续支持在京高校建设世界一流大学和高水平大学，支持一批重点学科建设和科学研究。建立市属高校分类发展评价体系，引导高校科学定位、特色发展。适应城市发展需要，适时组建旅游大学等特色院校。加快首都高等教育空间布局调整优化，高标准建成沙河、良乡高教园区。大力发展来华留学教育，到2015年在京留学生数量超过12万人次。

增强高等院校研发创新能力。支持高等院校建设一批重点实验室、工程研究中心和哲学社会科学研究基地，支持工科院校建设新兴技术研究院，鼓励高等院校与海内外高水平教育科研机构、著名企业建设联合研发基地，进一步提升大学科技园发展水平，构建北京高校科技创新体系。引导高等院校围绕城市经济社会发展中的重大问题开展科研攻关。鼓励高等院校和科研院所向社会开放实验室、科研设备，提高资源使用效率。

建设充满创新活力的学习型城市。大力倡导全民学习、终身学习理念。促进各级各类教育衔接沟通，建立不同类型学习成果的互认衔接制度，促进终身学习。支持企事业单位和各类社会组织举办多层次、多类型的继续教育和岗位技能培训。鼓励企事业单位为社区提供教育教学资源，扩大公益性文化设施免费开放范围，拓展社区教育和农村成人教育。大力发展数字化远程教育，构建终身学习网络和平台，为学习者提供方便、灵活、个性化的学习服务。广泛创建学习型组织和学习型家庭。

第二章　提升经济发展质量

巩固和扩大应对国际金融危机成果，着眼提高经济发展质量，推进产业深度调整升级，巩固消费、投资协调拉动格局，使首都经济在更高水平上实现又好又快发展。

一、扩大首都经济优势

进一步彰显首都经济特征。坚持服务经济、总部经济、知识经济和绿色经济的发展定位，巩固和强化首都经济特征。服务经济是首都经济的主体和优势所在，是经济长期保持平稳较快发展的基石，要坚持大力发展服务业，特别是生产性服务业，进一步发挥对全市经济增长的稳定器作用。总部经济是首都经济的突出特征，是提高经济控制力和影响力最宝贵、最稀缺的资源，要注重积极引进与重点培育并重、国内总部与跨国总部并重、各次产业及各类企业总部并重，继续大力提升总部经济发展水平。知识经济是首都资源禀赋优势的集中体现，要更加注重增强科学、技术、知识、管理、人才对产业发展的提升带动作用，大力发展科技农业、高技术产业和知识密集型服务业，推动科技要素向多行业、多领域延伸发展，增强经济发展的竞争力。绿色经济是首都资源环境条件和时代要求的必然选择，要坚决实施更加严格的产业准入、资源利用和环境约束标准，推进产业调整和发展方式转变。

统筹服务好各类要素资源。充分发挥首都功能优势，依靠和服务好中央资源，着力为其在京更好、更快的发展创造更加适宜的环境，提供服务保障，在支持和服务其发展中实现自身更高水平的发展。充分把握国际社会看好中国的有利时机，有效利用好国外资源，着力提升商务环境，在更高层面上吸引和服务好跨国公司、外资和侨资，不断提升经济的国际影响力。充分依托首都市场优势和国家自主创新示范区的政策优势，支持和培育民营经济和中小企业，集聚高端民营企业总部，为首都高技术产业和经济发展注入新的活力。充分挖掘地方经济潜力，加快地方企业资产证券化步伐，持续提升品牌意识和管理水平，进一步壮大地方经济的实力。通过国有股权有序进退方式盘活存量资源，加大与各方资源整合力度，鼓励资产关联度大、产业互补性强的市属国有企业主动为在京央企提供配套服务。

二、深度推进产业升级

坚持高端、高效、高辐射的产业发展方向，以提升产业素质为核心，着力打造“北京服务”、“北京创造”品牌，显著增强首都经济的竞争力和影响力。

坚持优化一产、做强二产、做大三产，推动产业融合发展，构建首都现代产业体系。推进都市型现代农业发展。强化农业基础地位，严格保护耕地和基本农田，加强农业基础设施建设，提高农业综合生产能力、抗风险能力、市场竞争能力。加快转变农业发展方式，适应特大型城市发展需要，突出首都农业的城市农产品供应和应急保障、生态休闲、科技示范等功能，推进“221”信息平台建设，大力发展籽种农业、休闲农业、循环农业、会展农业、设施农业、节水农业等都市型现代农业。切实加强“菜篮子”工程等农产品生产基地建设，全面提升蔬菜等鲜活农产品供应保障和质量安全水平。全面加强面向农业的技术服务、金融服务、信息服务和市场服务，促进农业生产经营的专业化、标准化、规模化和集约化，提升农业附加值，促进农民增收。培育大型农业企业集团和农民专业合作社，支持符合条件的农业企业上市，推进农业企业的集团化、资本化。加快国家现代农业科技城建设，打造“一城多园”的空间布局。

提升高技术和现代制造业发展水平。深入落实重点产业调整振兴规划，坚持高端发展方向，通过标准提升、业态创新、信息技术和组织结构创新等途径，着力发展高端现代制造业，改造提升传统制造业。延伸制造业产业链，促进工业化与信息化融合发展，增强产业配套能力和集群发展水平。实施重大项目带动战略，重点推进京东方八代线、长安汽车、北京现代三工厂、福田中重卡合资项目、中航工业园、北京数字信息产业基地等重大项目建设，提升电子信息、汽车、装备制造、医药等产业发展水平。总结推广望京等地区发展的成功经验，促进研发、制造、总部一体化发展。

加快服务业调整升级。围绕拓展提升城市服务功能，促进金融服务、信息服务、科技服务、商务服务、流通服务等生产性服务业加快发展，建设具有国际影响力的金融中心城市，促进经济结构由服务业主导向生产性服务业主导升级，打造服务区域、服务全国、辐射世界的生产性服务业中心城市。积极推进文化与科技、资本及其它产业的融合发展，进一步强化文化创意产业的支柱地位。落实大旅游发展理念，将旅游业发展成为重要的支柱产业，打造国际一流旅游城市。吸引国内外大型旅游会展总部或分支机构落户北京，引导形成旅游会展总部经济聚集区。吸引民营经济、国际资本参与重大旅游项目开发，促进旅游企业集团化、规模化、品牌化、国际化发展，打造具有国际竞争力的北京旅游品牌。开发高端旅游产品，建设一批带动性强的旅游项目。加快八达岭印象长城、大海坨国际山地休闲度假区、丫髻山养生度假基地、世界地质公园核心区、昌平银山塔林等一批重点旅游项目建设。适应人们生活质量提高和日益多样化的新需求，大力发展健康、养老等新兴生活服务业。按照“安全便利、资源节约、行为规范、环境友好”原则，推进生活性服务业发展方式转变。加快发展现代粮食流通产业，保障首都粮食安全。积极开发新型服务业态，发展服务外包，通过融入全球产业链带动产业结构优化升级。

专栏1：生产性服务业

金融服务。巩固全国金融管理中心地位，强化总部金融、特色金融发展优势，做好金融总部和后台的配套服务，大力引进国际一流的新兴金融机构，培育离岸金融、券商直投、信托租赁等新业态，提升债券发行中心和清算中心功能，建设具有国际影响力的金融中心城市。

信息服务。优化提升通信业，积极发展互联网及计算机服务业，做大做强软件产业，发展移动通信增值服务、数字电视增值服务。推进数字电视运营服务。依托总部资源和媒体资源，进一步提升首都的信息集聚和发布功能，成为在亚太地区有重要影响力的信息服务枢纽城市。

商务服务。重点鼓励国内外企业总部的交易中心、运营中心以及国际机构组织等落户本市。引导法律服务、知识产权服务、广告等优势行业并购重组，形成具有竞争力的龙头企业。加大政府和事业单位的业务外包力度。努力在会计、审计、咨询、资产评估、信用评级等领域打造具有国际水准的中介服务机构，加速形成国际化的商务服务能力，成为全球商务服务网络的重要节点。

科技服务。大力吸引国内外研发机构、科技型企业在京发展，加快发展研发设计服务、生物技术服务、数字内容服务和检测服务，进一步完善知识产权服务和科技成果转化服务体系，努力打造成为科技创新中心城市。

流通服务。运用现代信息技术、创新营销模式及金融服务配套等手段，提升流通业的现代化水平。加快交通枢纽、大型物流节点和流通网络的建设，强化批发业和物流业的营运控制功能。鼓励商业流通企业发展连锁经营和电子商务等现代流通方式，培育专业化、规模化的贸易企业和品牌代理商。

大力发展战略性新兴产业，带动产业持续升级和竞争力提升。瞄准国际前沿技术和产业发展趋势，把发展战略性新兴产业作为产业结构优化升级的突破口。依托首都科技资源优势和产业基础，积极发展新一代信息技术、生物医药、新能源、节能环保、新能源汽车、新材料、高端装备制造和航空航天等产业，加强产业关键核心技术和前沿技术研发，以关键技术研发和装备研制带动重点领域突破，以重大工程建设和应用培育市场需求，到"十二五"末，努力使战略性新兴产业成为先导性、支柱性产业，形成若干战略性新兴产业集群，培育一批年销售收入超过500亿的大型企业，涌现出一大批创新能力强的中小企业。

专栏2：战略性新兴产业

新一代信息技术。全面推进三网融合。率先在新一代移动通信、下一代互联网、下一代广播电视网等领域突破核心技术和关键设备产业化，促进物联网、云计算的研发和示范应用，突破核心元器件高端通用芯片及基础软件等领域的关键技术，增强基于新一代信息网络的信息增值服务能力。

生物医药。加快发展新型疫苗、蛋白质药物、诊断试剂等生物医药关键产品和技术，加快先进医疗设备的研发和产业化，大力推进农作物等生物农业优良新品种选育，突破酶工程、代谢工程等工业生物领域关键技术，积极发展生物技术研发外包和健康管理服务。

新能源。发展太阳能热利用和风电技术服务业。加快推进新型核能技术与装备研发服务，扩大核电高端技术服务产业规模。提高地热能、生物质能等的技术研发水平与工程服务能力。

节能环保。发展面向工业、交通、建筑等重点领域的节能产业，壮大污水处理、大气污染防治和垃圾处理等环保产业，加快资源循环利用产业发展，加速发展节能环保服务业。

新能源汽车。搭建新能源汽车研发平台，推进整车控制系统、车载能源系统、驱动系统等三大关键系统及一些关键配件的研发和产业化，积极推进纯电动汽车和混合动力汽车的研制，加大纯电动汽车的示范应用力度。

新材料。形成半导体材料、金属磁性材料、生物医药材料、化工新材料、太阳能电池材料、新型绿色建材、非晶材料以及高温超导材料等特色产业集群，构建集新材料生产、加工、集散和技术研发为一体的新型产业基地。

高端装备制造。重点在轨道交通运行控制系统、数控机床、工业自动化控制系统等一批重大关键技术上实现突破，并积极发展一批成套设备，大幅提升高端装备的系统集成能力。

航空航天。打造以发动机、系统控制和航空技术为核心的航空产业；促进产品、系统应用、运营服务一体的民用航天规模化发展；加快发展北斗卫星导航系统，发展面向应用需求的卫星遥感产业。

整体塑造“北京服务”、“北京创造”品牌，显著增强产业的竞争力和影响力。建立北京服务、北京创造品牌服务体系。设立北京服务、北京创造股权投资基金，支持品牌企业和重大项目加快发展。组建北京服务、北京创造产业联盟。研究设立金融街金融指数、CBD 商务服务指数、中关村创新指数、奥林匹克文体指数等，形成北京服务、北京创造指数体系。突出发挥中关村等高端产业功能区的带动作用，成为北京服务、北京创造品牌的重要支撑区。积极推进企业上市发展，打造资本市场北京服务、北京创造板块。高水平筹办更多有影响力的重大品牌活动，为品牌塑造创造条件、提供支撑,积极争取把中国服务贸易大会打造成永久落户北京的中国国际服务交易会,形成“南有广州中国进出口商品交易会、北有北京中国国际服务交易会”格局。加强对品牌企业、品牌人才的正向激励,加强知识产权保护,建立品牌创造激励机制,积极营造崇尚、保护、创造品牌产品和企业的社会环境。

三、统筹经济发展政策

坚持实施扩大内需战略,把优化需求结构与支持自主创新、推动产业升级、加强节能减排、促进资源集约利用等各项政策更加紧密的结合起来,进一步创新发展理念和发展模式,处理好市场与政府的关系,把资源更好地配置到对经济社会发展具有决定作用的领域和环节,集中精力解决最迫切的问题,加强政策统筹安排与协调衔接,切实在发展中促转变,在转变中谋发展。

持续增强消费拉动,逐步形成消费主导型经济。消费在经济发展中的作用日益增强,要把扩大消费需求作为扩大内需的战略重点,通过持续扩大消费促进经济稳定较快发展。落实国家收入分配政策,提高居民特别是城乡中低收入者的收入水平,完善社会保障和公共服务,稳定居民消费预期,增强居民消费能力。适应消费结构升级和市民新需求变化,实施商贸品牌特色提升工程,汇聚国内外知名品牌和商贸企业,加强特色商业街区建设,推动京味“老字号”品牌创新发展,培育一批本土新兴品牌和特色消费街区,丰富市场供给,壮大特色时尚消费。积极推进消费领域由商品消费向服务消费升级,深化商贸与关联产业的融合发展,壮大与市民追求健康生活相适应的旅游休闲、养生度假、文化体育等产业,扩大发展型和服务型消费。加大旅游、会展市场开发和宣传力度,进一步扩大外来消费。积极推进专业化商品市场发展，规范、发展千亿元规模的大宗商品电子交易市场，规划建设电子商务集聚区，积极发展网上商城，扩大电子商务消费。积极扩大信贷消费。适应城市化要求，优化商业设施和服务网点布局，完善社区便民商业服务，引导大型零售企业向郊区连锁发展，提升商业设施无障碍和刷卡消费无障碍水平，提高居民生活便利度。加强市场监管，完善消费者服务保障体系，为消费者创造良好的消费环境。

着力优化投资结构，提高投资质量和效益。投资仍然是拉动经济发展的重要力量，要把握好投资、消费相互促进、协调支撑经济发展的规律，把投资与促进消费、增加就业、改善民生有机结合起来，促进投资与消费良性互动适度稳定增长。积极调整投资结构，以增强发展后劲为核心，努力扩大生产性服务业、战略性新兴产业、高端制造业、文化创意产业和旅游业等产业投资。加大城市交通、能源、资源、环境等基础设施投资。把握好房地产对稳定投资、延伸消费、惠及民生、承载业态的作用，调整优化房地产投资结构，推动房地产建设向保障性住房、适于承载生产性服务业发展的商务楼宇以及核心区人口疏解和城乡结合部改造等定向安置房转变，向新城、高端产业功能区等区域转移。在推进中心城功能优化提升的同时，引导投资向郊区转移，使城市功能拓展区和发展新区作为承接投资的主要区域，全社会投资中郊区投资比重力争达到50%。积极鼓励、引导和促进民间投资和外商投资。发挥政府投资的引导带动作用，更加注重融资方式创新，牢固树立节约意识，提升投资质量和效益。

积极创新产业发展政策与支持方式，深入推进产业优化升级。坚持“区别对待、有进有退、有松有紧”的产业政策导向，不断完善产业发展的政策组合，实施更加适合首都功能定位的产业政策。深入落实国家及本市产业调整振兴规划。积极推进服务业综合改革试点，探索建立适合服务业经济特征的体制机制。加强高端产业功能区和各类园区的政策集成，引导产业布局优化和集群发展。更加注重产业标准与国际水平的对接，发挥标准对产业结构升级的驱动作用。实施更加严格的用水、用地、用能等产业准入标准，推进各类散小低端行业的整治与升级，坚决淘汰高消耗、高污染的落后生产能力、工艺和产品。

切实加强资源环境政策制定实施，推进资源集约利用与绿色发展。全面实行资源利用总量控制、供需双向调节、差别化管理。按照减量化、再利用、资源化、节约优先的原则，加强财税、金融、价格、标准、产业等政策的互动组合，在生产、流通、消费各环节，在企业、园区、社会各层面，引导开发应用源头减量、循环利用、再制造、零排放等技术，推动循环经济发展，促进全社会的资源循环利用。

第三章　构建战略发展高地

着眼于城市发展空间战略调整和功能优化配置，以集中做强具有核心竞争力的品牌区域为导向，推进功能区域化、区域特色化，不断提升高端产业功能区辐射力，积极培育高端产业功能新区，构建“两城两带、六高四新”的创新和产业发展空间格局，成为全市高端产业发展的重要载体。

一、打造两城两带

集中力量打造中关村科学城和未来科技城，着力加快建设北部研发服务和高技术产业带、南部高技术制造业和战略性新兴产业发展带,基本形成国家创新中心的新格局。

中关村科学城。加大体制机制创新和先行先试力度,聚集产业创新要素和高端业态,调动高校、院所、企业等主体的积极性,推进协同创新,大力发展高端研发和楼宇经济,突破一批关键核心技术、创制一批新标准、转化一批重大成果。重点建设以中关村大街为核心的“中关村生命科学与新材料高端要素聚集发展区”,以知春路为核心的“中关村航空航天技术国际港”,以学院路为核心的“中关村信息网络世纪大道”。把中关村科学城建成战略性新兴产业策源地、体制机制创新的前沿阵地、科技成果转化的辐射源和区域创新的先行示范区。

未来科技城。突出生态环保、科技示范作用,高标准建设园区基础设施和配套生态环境。积极推进中央企业创新资源集聚发展,引进海外高层次创新人才,建设一流科研人才的集聚地、引领科技创新的研发平台和全新运行机制的人才特区,探索实行国际通行的科学研究和科技开发、创业机制,打造成为具有国际影响力的大型企业集团技术创新和成果转化的基地。

北部研发服务和高新技术产业发展带。以海淀区平原地区、昌平区南部地区为重点,大力推进研发服务、信息服务等高端产业集聚,加速促进高新技术成果孵化转化,建设“生态良好、产业集群、用地集约、设施配套、城乡一体”的世界领先的研发服务和高技术产业集聚区。

南部高技术制造业和战略性新兴产业发展带。有效整合亦庄、大兴为主体的城市南部产业空间资源,拓展北京经济技术开发区范围,加大管理体制改革力度,带动房山高端制造业基地联动发展,打造电子信息、生物医药、装备制造、新能源、新材料等高技术制造业和战略性新兴产业集群，建设成为高技术制造业发展和对外辐射合作的重要承载区。

二、提升高端产业功能区

围绕产业集聚、人才集中、资源集约和功能集成，着力提升产业发展势能，提升服务环境，提升国际辐射力和经济带动力，使之成为世界城市先行实践区。“十二五”末，六大高端产业功能区增加值占全市经济比重力争达到50%。

中关村国家自主创新示范区。按照“深化改革先行区、开放创新引领区、高端要素聚合区、创新创业集聚地、战略产业策源地”的战略定位，巩固和扩大“一区多园”发展格局，注重资源整合和机制创新，积极推动先行先试改革，着力推进中关村核心区建设，着力研发和转化国际领先的科技成果，做大做强一批具有全球影响力的创新型企业，培育一批国际知名品牌，聚集一批高端人才，全面提高自主创新能力和辐射带动能力，初步建成具有全球影响力的科技创新中心。

北京经济技术开发区。发挥与大兴区行政资源整合的优势，充分发挥高端产业引领和带动作用，提升高端制造业和战略性新兴产业的集聚和承载能力，促进现代制造业与生产性服务业有机融合、互动发展，建设成为工业化、城市化、信息化高度协调的国际化高端产业功能区。

商务中心区。基本建成核心区，全面启动东扩战略工程。显著提高区域国际化水平，大力发展总部经济、生产性服务业和文化创意产业，增强对国际金融、国际传媒、国际组织和专业要素市场等集聚功能，建设成为具有国际影响力的现代商务中心。

金融街。注重功能完善与服务提升，加强南北连片和核心区的适度拓展，进一步提升商务配套功能和环境品质，增强吸引核心金融要素功能，强化金融总部资源配置能力，成为国家金融管理和金融总部功能主要承载区。

奥林匹克中心区。充分利用好现有奥运场馆设施，推进国家级文化设施建设，大力发展博物馆经济，有效集聚国内外重大体育、文化、会展活动，注重系列化和品牌化，完善旅游服务环境，打造成为国际文化体育商务中心和大型国际旅游会展中心。

临空经济区。以枢纽空港和天竺综合保税区为依托，积极开展保税服务和离岸金融业务，完善首都国际机场配套设施，增强临空服务功能，努力建成辐射东北亚、面向全球的临空经济区。

三、培育高端产业新区

适应城市产业功能拓展、提升和优化配置需求，积极推动新的高端产业功能区规划建设。坚持高标准规划、高水平建设、分时序推进，注重节能、环保、信息化等新标准、新技术的示范应用，积极在交易功能、文化功能、制造业和旅游业总部集聚功能等方面形成差异化发展。

通州高端商务服务区。依托新城开发，重点发展总部经济、高端商务、康体医疗、文化传媒、会展培训等产业，积极吸引侨资总部落户，建设成为彰显国际新城形象的特色高端商务服务区。

新首钢高端产业综合服务区。统筹规划首钢主厂区及周边石景山、门城地区资源，重点发展文化创意产业、高技术产业、生产性服务业等产业，吸引制造业企业总部和研发中心落户，努力成为产业转型升级的示范区。

丽泽金融商务区。引导金融信息咨询、文化金融、新兴金融机构及商务总部等要素集聚，强化要素交易功能，形成比较优良的新兴金融业发展的商务环境，打造具有全国辐射力的新兴金融功能区。

怀柔文化科技高端产业新区。以雁栖湖生态示范区、中科院研究生院、中影基地等为重点，大力发展会议休闲会展业、科技研发业、高技术产业和文化创意产业，构建具有国际高端水平、特色鲜明、综合竞争力强的文化科技高端产业功能区。

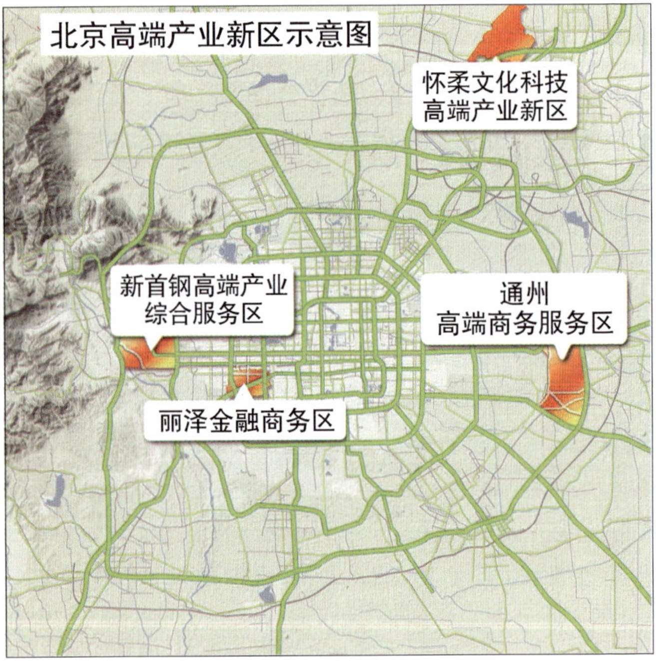

图1　北京高端产业新区示意图

第三篇　发展惠及人民

发展的根本目的是要让人民过上幸福美好的生活。我们正面对着一个日益开放和多元化的社会，发展水平的不断提高、社会结构的深刻变化，催生着更加多样化的社会需求，对公共服务供给和社会建设管理不断提出新的挑战。“十二五”时期，要顺应广大人民过上更好生活的新期待，全面实施“人文北京”战略，更加注重统筹经济与社会协调发展，把提升公共服务、创新社会管理摆在更加突出的位置，积极推进“大民政”建设，切实完善保障和改善民生的各项制度与政策安排，使发展成果更好地惠及人民，让人民生活得更幸福。

第一章　扩展优质多样的公共服务

从发展阶段实际出发，按照政府保障基本需求、市场提供多样选择的原则，继续大力推进基本公共服务均等化，在注重硬件设施均衡配置的同时更加注重软件服务均等，在扩大服务供给的同时更加注重提高服务质量和效率，在加大政府投入的同时更加注重引导社会资本进入，实现社会公共服务水平新的提升。

一、为劳动者创造充分就业机会

就业关系着每个劳动者的个人发展和家庭幸福，是发展机会公平享有的重要体现。“十二五”时期，要继续坚持积极的就业政策导向，不断完善就业公共服务，努力让所有劳动者体面而有尊严地生活。

大力开发就业岗位。以重大产业项目、重大基础设施和重点功能区建设带动就业岗位开发。积极倡导创业精神，以创业带动就业。

推行定向就业扶持。积极促进高校毕业生充分就业。有效开发保洁、保绿、保安、物业和车辆管理等社区服务岗位，加强家政、养老、助残等就业扶持，促进失业人员再就业。积极促进西部矿山关闭地区、首钢搬迁地区劳动力就业，解决好城乡结合部改造和农村城镇化地区农民转移就业。完善城乡零就业家庭动态管理和长效帮扶机制，实施纯农业家庭就业转移援助力度。

完善公共就业服务网络。建立统一的人力资源市场，使城乡居民平等享有规范的公共就业服务。建立用人单位、劳动力、服务机构三方合作机制和一站式就业服务，提高岗位对接成功率。加强城镇失业人员、农民和农转非人员就业培训，提高就业能力。

强化劳动力市场监管。推行劳动合同制度，健全劳动关系协调机制。实行劳动用工备案制度，加强失业预警和劳动关系动态监控，维护劳动者合法权益，构建和谐劳动关系。

二、让每个家庭都有可靠的保障

社会保障是让每个市民都有安全可靠的未来、不为人生特定阶段的困难和风险所困扰的制度安排，是社会和谐稳定的安全阀。“十二五”时期，要致力于制度整合衔接，建立城乡一体化的社会保障体系，实现人人享有保障、待遇稳定提高。

实现社会保障人群全覆盖。积极稳妥推进行政事业单位退休金制度与城镇职工养老保险制度并轨，实现公费医疗与城镇职工基本医疗保险并轨，将行政事业单位工作人员纳入失业、工伤、生育保险范围，将本市自主创业、灵活就业人员纳入失业、生育保险范围，形成统一的城镇职工社会保险制度。整合城镇居民基本医疗保险制度和新型农村合作医疗制度，形成城乡统一的居民社会保险制度。逐步实行城乡居民养老、新型农村合作医疗保险市级统筹，统一缴费标准、待遇水平和基金管理。大力推行企业年金和行政事业单位职业年金，鼓励参加储蓄性养老保险，完善多形式的补充医疗保险，形成多层次的社会保险体系。完善居民与职工养老、医疗保险衔接政策。有效提高外来务工人员社会保险参保率。

稳步提高社会保障待遇水平。加大公共财政投入和社会保险基金征缴力度，依据中央相关政策，积极稳妥推进养老保险基金结余投资运营。健全社会保障待遇标准正常增长机制，稳步提高离退休人员基本养老金、居民养老保险金、失业保险金等待遇标准，扩大基本医疗保险报销范围，提高报销标准。

实现社会保障卡覆盖所有参保人群。加快推进社会保障信息化建设，实现社会保险经办机构和社会化管理服务信息网络的全覆盖。拓展社会保障卡服务功能，实现社会保障卡覆盖所有保障人群，实现一卡多用和便捷支付。

三、为学生成长提供良好的教育

坚持教育优先发展，大力推进教育公平，把培育提升素质作为主要着眼点，不断提高教育发展质量和水平。

让儿童平等享有快乐的启蒙教育。强化政府学前教育管理职责，加强学前教育统筹规划和投入，积极发展公办幼儿园，大力扶持民办幼儿园，落实新建小区配套幼儿园建设，新建和改扩建600所幼儿园，形成政府主导、公办民办并举的学前教育服务体系，满足适龄儿童的入园需求。

使孩子们公平获得优质的义务教育。统筹优化中小学教育资源配置，推进名校办分校、学区化管理、学校联盟、委托管理、对口合作等办学形式创新，继续加强薄弱校和农村地区中小学建设，完善区域内教师和校长流动制度、城乡教师交流与合作机制，促进优质义务教育资源均衡配置，努力缩小校际、区域办学水平差距。完善来京务工人员随迁子女接受义务教育的保障体制，让所有孩子共同成长进步。全面完成中小学校舍抗震加固，加强校园安保，使孩子们都有安全放心的学习环境。

提高优质高中资源的覆盖范围。推进布局调整、资源整合和开发，增加优质高中教育资源。深化高中阶段课程改革，满足不同潜质学生的发展需求。开展新型综合高中实验，推进普通高中与职业教育的衔接和融通。探索建立高中和大学的有效合作机制，鼓励大学向高中开放课程、实验室等教学资源，为部分学有余力的高中学生开辟学习发展的新途径。

紧密结合产业需求发展现代职业教育。加强职业教育统筹管理和规划，推进中等和高等职业教育衔接贯通，促进学历教育与职业培训有机结合。围绕首都产业发展，大力推进职业教育的资源整合和专业结构调整，加快职业教育集团化办学。加强“双师型”教师队伍、示范性职业学校和实训基地建设，提高职业教育基础能力。广泛推行工学结合、顶岗实习人才培养模式，促进校企合作制度化。完善职业学校毕业生升学制度,拓宽学生继续学习通道。

四、使广大市民成为健康北京人

健康是幸福的基石。要立足于让人们身心健康、不得病、少得病和方便就医看病,大力倡导健康和文明卫生意识,加强健康服务,深化医药卫生体制改革,提高公共卫生和基本医疗服务水平,使全市主要健康指标位居全国前列。

塑造健康城市。满足人们追求健康生活的新需求,系统深入落实《全民健身条例》和《全民健康促进十年行动规划》,努力为广大市民健康幸福生活创造良好条件。

提升全民健康和文明卫生意识。利用多种途径和手段,广泛普及健康知识,推进健康知识进社区、进校园、进万家,传播健康生活理念。动员市民参与健康促进行动,倡导市民学会适合自己的锻炼方法、养成定期运动锻炼等健康生活好习惯。针对不同性别、不同年龄和不同身体状况人群,运用不同干预对策,帮助市民形成健康文明的生活方式。组织开展多样化的社区活动,扩大邻里相互交往,营造健康舒心的生活环境。健全心理健康疏导、干预机制和心理保健服务体系,促进市民身心健康。

满足市民多样化健康需求。大力发展健康产业,为广大市民提供高水平、多样化的健康服务。支持既有医疗机构向前端延伸提供疾病预防和保健服务。完善市场准入及配套政策,吸引优质国际和民营医疗康体机构来京发展,为市民提供多层次、高质量的健康服务。积极鼓励生态涵养发展区依托环境优势,发展疗养、健身、休闲、养老服务等产业,为广大市民提供更多的养生休憩健身空间。充分发挥中医资源优势,大力发展中医保健,促进中医服务进社区。

推进体育事业蓬勃发展。加快区县、乡镇体育中心建设，实现达标全覆盖。完善社区公共体育配套设施，推进体育设施的便民化和可及性，为群众提供方便经济的健身活动条件。加快各类公共体育场馆向社会公众的开放，推动机关、企事业单位和学校体育资源的社会共享。建设龙潭湖体育产业园。完善竞技体育后备人才训练和比赛设施，优化运动项目布局结构，提升竞技体育实力，建设竞技体育强市。

实现基本公共卫生服务全覆盖。实行基本公共卫生服务项目目录管理，扩大面向常住人口的基本公共卫生服务项目。推进公共卫生服务覆盖特定人群，提升精神卫生、妇幼卫生、老年保健、计划生育等服务水平。加强重大传染病预防控制，完善突发公共卫生事件应急机制，实现所有事件及时得到有效处置。健全覆盖城乡的急救网络，加强农村地区救援能力建设，促进院前急救与院内救治的有效衔接。

显著提升基层医疗服务水平。着力完善基层社区卫生服务网络，强化基层社区卫生服务机构的基本医疗和公共卫生职能，使社区卫生服务机构成为居民健康的“守门人”。推行家庭医生式服务。加强慢性病、常见病及家庭病床服务管理。加强以全科医生为重点的基层医疗卫生队伍建设，提高基层医疗卫生队伍素质。推进注册医师多点执业，引导医务人员合理流动。完善鼓励医务人员在基层服务的政策，调动医务人员服务基层的积极性。制定综合措施，引导一般诊疗向基层下沉，逐步形成“社区首诊、分级就诊、双向转诊、康复在社区”的有序就医新格局。

推进区域医疗资源优化配置。制定实施首都区域卫生规划和医疗机构设置等规划，根据城市发展实际引导医疗卫生资源合理配置。完成新城区域医疗中心建设,实现每个新城有一座高水平的医疗中心。集中解决大型居住区、定向安置房地区、边远山区、重点功能区医疗资源不足问题。严格控制中心城区大型综合医院新建和扩建,促进新增医疗机构和中心城区优质医疗资源向郊区扩展,实施好天坛医院迁建、通州国际医疗城等重大项目。加强康复医院、护理院建设,形成相互衔接的资源配置格局。加强二级以上综合医院儿科、老年医学科、精神心理科等设置,提升面向特定人群的医疗服务能力。规划建设1~2所新的儿童医疗机构。大力发展中医中药,加快东城国家中医药发展综合改革试验区发展,加强中医临床研究基地建设,扩充基层社区卫生服务机构中医科和中药房,实现中医药服务城乡全覆盖。

五、全面实现广大市民住有所居

加强住房制度整体设计,建立健全符合首都实际、可持续的住房供应制度,逐步形成符合国情市情的保障性住房体系和商品房体系。大力实施保障性安居工程,切实履行政府职责,增加土地供应,加大财政投入,加强监督管理,五年建设、收购各类政策性住房100万套,对符合保障条件的申请家庭做到应保尽保。加强保障性住房建设、分配和后期运行等各环节管理,全面实施保障性住房阳光工程。合理引导住房消费,优化住房供应结构,建设多元化的住房租赁体系,积极鼓励租售并举,引导市民通过租赁形式解决住房问题。鼓励农村集体经济组织依据规划、利用存量资源有序开展租赁房服务。积极推进旧城人口疏解和房屋保护性改造修缮工程,完成城市和国有工矿棚户区改造任务,加大农村抗震节能房屋改造建设力度,改善城乡居民居住条件。

第二章　建设公正和谐稳定的社会

坚持以人为本、依法治理，致力于社会管理创新，有效动员和引导社会参与，推动社会共建共享、和谐发展。

一、完善充满关爱的社会福利网络

着力整合社会福利政策和资源，实现社会福利制度向适度普惠型转变，显著提升各类福利和保障水平，在全社会营造充满关爱的社会氛围。

为老年人安享晚年提供良好服务。积极应对人口老龄化，基本构建起“以居家养老为基础，社区服务为依托，机构养老为补充”的多元化养老服务体系。加快公共养老机构建设，推动社会力量投资兴办养老服务设施，到2015年全市养老床位达到12万张。以社区为单元构筑老年人“居家生活幸福圈”，加大政府购买服务力度，增强社区养老服务功能，更好地服务于居家养老。大力发展老龄产业，提供多样化养老服务。大力倡导尊老、敬老的社会风尚，完善“九养政策”、老年优待政策和高龄老人津贴制度，建立失能老人津贴，积极推动发展长期照料护理保险。扩大老年社会参与，丰富老年人精神文化生活。

为残疾人平等参与社会提供便利条件。全面推进城市“无障碍化”，把软环境建设摆在更加重要的位置，营造残疾人平等参与社会的良好环境。健全覆盖城乡全体残疾人的社会保障和服务体系。落实岗位补助制度和税收优惠政策，发展福利企业，促进有劳动能力的残疾人就业。拓展机构托养服务、社区综合服务和居家助残服务，培育面向残疾人服务的社会组织，发展残疾人服务业。全面推进无障碍设施建设和改造，优化残疾人出行和居住环境。改善“三无”精神病人、特困精神病人救治条件。改善特殊教育学校办学条件，为残障人员提供良好的学习和康复环境。丰富残疾人精神文化生活，切实保障残疾人合法权益。

为妇女发展提供有力的保障。落实男女平等原则，倡行尊重妇女社会风尚，优化妇女发展环境，保障妇女平等就业机会和政治权利，依法打击侵害妇女权益的行为。

为儿童健康成长营造良好环境。坚持儿童优先原则，注重儿童道德行为规范教育、心理素质和良好性格的培养和塑造，家庭、学校和社会共同为儿童健康成长营造良好环境。加强儿童食品用品安全监管，促进儿童健康发展。发展儿童福利事业，提高孤残儿童养育标准。规范家庭寄养模式，保障寄养儿童权益。健全儿童福利设施。

为特定困难群体提供及时的救助服务。着力健全以最低生活保障为基础、专项救助相配套、临时救助和社会互助为补充的城乡社会救助制度，让每个困难家庭和特定人员都能得到帮助。完善城乡低保标准动态调整机制，根据发展实际合理提高低保标准，切实保障低收入群体基本生活。完善城乡一体医疗、教育、就业等专项社会救助制度。完善流浪乞讨人员救助制度，加快救助管理机构建设，扩大救助管理社会参与。

形成全社会广泛参与慈善事业的格局。加大慈善宣传力度，打造慈善公益品牌，大力推进全民慈善。创新募捐方式，建立覆盖全市的经常性捐助站点和慈善超市。鼓励创建规范运作的慈善基金，加强慈善捐助资金和物品的全过程监管，增强社会公信度。加强慈善组织培育和监管，提高慈善组织发展水平。创新慈善项目运作机制。

二、深入推进社会服务管理创新

把健全基本公共服务体系、促进基本公共服务均等化作为社会管理的重要基础,完善社会管理格局,创新社会管理机制,加强城乡社区建设,充分发挥社会组织作用,积极推动社会参与,逐步建立与中国特色世界城市目标相适应的社会管理体系。

努力实现社会管理全覆盖。完善党委领导、政府负责、社会协同、公众参与的社会管理格局。加快构建源头治理、动态协调和应急管理相互联系、相互支持的社会管理机制。推动商务楼宇"五站合一"建设,进一步夯实社会管理和服务基础。改进政府服务管理,保障公民基本权益和社会公平。总结推广社会服务管理创新试点地区经验,以点带面,促进社会管理水平全面提升。推进社会管理和服务信息系统建设,构建网络化的社会服务管理体系。

创建和谐城乡社区。完善社区治理模式,推进政府社会服务管理重心向社区下移。因地制宜推进社区公共服务设施的集成规划、整合建设和集约使用,实现社区规范化达标建设。积极发展社区健康、购物、家政、托幼、养老、助残等市场化、便民化服务,满足社区居民多元化服务需求。加强社区民主自治,充分调动居民参与社区管理的积极性,鼓励社区社会组织、社区工作者参与社区服务管理,增加社区凝聚力。推进社区信息化建设,搭建社区居民交往平台,组织开展丰富多彩的社区活动,促进邻里信任与和睦,把社区建设成为便利、舒适、健康、和谐的美好家园。

积极发展社会组织。大力扶持和发展服务类、管理类、慈善类等公益性社会组织,发挥社会组织在反映利益诉求、提供社会服务、协调利益矛盾、扩大公众参与等方面的积极作用。采用委托管理、项目管理、购买服务等多种方式,鼓励和支持社会组织依法自主参与社会服务与管理。推动政府部分社会服务管理职责向社会组织转移,培育和发展社会服务管理的新型载体。完善“枢纽型”社会组织工作体系,增强对社会组织发展的指导和服务。加强社会组织评估体系建设和动态管理,推进社会组织自身建设,引导社会组织健康发展。

大力推动社会参与。积极拓展社会公众参与公共事务渠道,增加公共事务的公开性和透明度。鼓励和规范社会公众参与社会公共事务,增强人民群众依法参与社会管理的意识和能力。加强社会工作人才队伍建设,推进社会工作制度化、规范化。建立健全志愿者激励机制和管理制度,广泛传播志愿服务理念,培育公益意识,实现志愿服务常态化,让志愿服务成为公众参与社会服务管理的有效载体。

健全社会运行调控。以维护社会稳定、保障民众权益、社会平稳运行为目标,构建政府主导、社会参与、宏观与微观管理相结合的社会运行调控机制。加强社会运行预测、监测和分析,建立重大工程项目和重大决策社会稳定风险评估机制。健全社会管理绩效考核机制,提高社会管理效能。

健全维护群众权益机制。拓宽社情民意表达渠道,完善公共决策的社会公示制度、公众听证制度和专家咨询论证制度,扩大公众参与程度。完善信访制度,注重民意收集与信息反馈,推广信访代理制,推动用群众工作统揽信访工作。完善化解社会矛盾的领导协调、排查预警、疏导转化、调解处置机制。加强人民调解、行政调解、司法调解联动,整合各方面力量,有效防范和化解劳资纠纷、征地拆迁、环境污染、食品药品安全等引发的社会矛盾。依靠基层党政组织、行业管理组织、群众自治组织，充分发挥工会、共青团、妇联等社会团体的作用，共同维护群众权益，积极化解社会矛盾。

强化公共安全管理。完善食品、药品安全标准，建立食品、药品质量追溯制度，形成覆盖生产、流通、消费全过程的安全责任链。强化安全生产监管，全面落实企业安全生产主体责任，加强安全生产管理，加强重点行业和领域安全隐患排查治理，有效遏制重特大安全事故发生。加强危险化学品集中储运、销售管理。进一步提升应急管理水平，健全对事故灾难、公共卫生事件、食品药品安全、社会安全事件的预防预警和应急处置体系。

加强社会治安管理。深入推进"平安北京"建设，进一步完善网络化的社会治安防控体系。以城乡结合部、治安重点地区、城中村、相邻街乡边界为重点，实施联合执法，实行群防群控，实现综合治理。加强基层警务、社区矫正等设施标准化建设，增强公共安全和社会治安保障能力。加强互联网安全管理，努力维护良好的网络环境。严密防范和严厉打击各种违法犯罪活动。

三、加强社会主义民主法制建设

充分发挥社会主义民主政治制度的重要作用。坚持和完善人民代表大会制度和中国共产党领导的多党合作和政治协商制度，为推进首都科学发展提供制度保障。全面贯彻党的统一战线方针政策和对台政策，促进政党关系、民族关系、宗教关系、海内外同胞关系的和谐，团结调动各方面的力量，共同推动首都的科学发展。继续巩固首都民族团结、宗教和谐的良好局面。进一步加强工会、共青团、妇联、科协等各群众团体的建设，充分发挥对推动科学发展的重要作用。切实加强基层民主政治建设，健全完善基层社区和村民自治制度，提高社区和村民自治水平，维护基层群众的合法权益，组织动员基层群众参与首都科学发展。完善以职工代表大会为基本形式的企业事业单位民主管理制度，推动厂务公开，支持职工参与管理，维护职工合法权益，调动广大职工群众参与首都发展的积极性、主动性和创造性。加强国防后备力量建设，支持驻京解放军、武警部队现代化建设，配合做好军需、军品服务保障，深入开展双拥共建活动，不断巩固军政军民团结。

加快法治城市建设。全面贯彻依法治国基本方略，进一步加强地方立法工作，着眼于解决经济社会发展中的深层次矛盾和问题，加强经济、社会、生态、城市管理等重点领域立法。深入推进科学民主决策，坚持依法决策，健全决策程序，强化决策责任，提高公共政策透明度和公众参与度。严格依法行政，建立和完善行政程序，改进执法方式。深化司法体制和工作机制改革，加强司法队伍建设，切实维护司法公正。全面推进政务公开，重点推进财政预算、公共资源配置、重大建设项目、社会公益事业等领域的信息公开。健全行政监督体系和问责制度。强化法制宣传教育，落实“六五”普法规划，提高市民的法制观念。进一步完善法律服务体系。

第三章 构建适应首都发展的人口格局

人口是经济社会可持续发展的关键因素。“十二五”时期，全市人口仍会保持较快增长态势，需要妥善处理好人口发展与经济社会、资源环境的关系，认真落实中央关于大城市加强和改进人口管理的要求，以加快转变发展方式和完善人口管理制度为重点，切实提高城市人口管理服务水平，努力遏制人口无序过快增长，逐步形成规模适度、结构优化、多元和谐、分布合理、服务有效、管理严格、与城市可持续发展和城市功能相适应的人口发展格局。

一、合理调控人口规模

转变经济发展方式是人口规模调控的根本途径，要立足城市功能定位和资源环境条件，把控制人口无序过快增长作为经济发展的重要原则，持续深入推进经济结构调整，发展高端、高效、高辐射的产业，促进产业发展方式从依靠劳动力数量增加向更多依靠劳动生产率提高转变。

运用现代经营理念、管理模式和信息技术，改造提升传统服务业和生活服务业，提高商业物流、社区服务、家政服务、再生资源回收等行业的组织化、规模化程度，提高全员劳动生产率。

制定、修订行业标准和管理办法，加强对低端业态的规范管理，加快低端业态的调整退出。

加大市场监管执法力度，严格工商注册登记管理，严格取缔无照非法经营，严格执行经营工作场所生产安全、卫生安全、消防安全等法律法规，保护生产者和消费者合法权益。

二、改进人口服务管理

适应特大型城市科学发展要求，以完善人口管理制度为主要抓手，着力改进人口基础管理，加强流动人口属地化管理、市民化服务，促进人口规模增长适度、结构优化、流动有序。

加强计划生育管理和服务。坚持计划生育基本国策，逐步完善生育政策，健全有利于计划生育的利益导向政策体系。推进生殖健康服务中心建设，改善计划生育服务。

强化劳动用工管理。让外来务工人员享受平等的劳动保障。全面实施劳动合同制度，严格执行最低工资标准。健全外来务工人员社会保障制度，严格要求用工单位为职工缴纳医疗、养老、工伤等社会保险。加强劳动保障监察，维护流动人口合法权益。

加强出租房屋管理。修订房屋租赁管理办法，强化出租房屋治安、消防、建筑结构等安全监督管理，规范中介市场秩序，显著改善流动人口居住条件。修订人防工程和普通地下室安全使用管理办法，严格限制将人防工程和规划用途为非居住功能的地下室用于出租居住，大力推进人防工程的公益性应用。依法拆除违章建筑，严格禁止违规建房出租。规范升级租赁经济，总结推广集中管理农民出租房屋的新模式。鼓励企业和产业园区提供职工公寓。

完善户籍管理制度。坚持控制总量、优化结构，在严格执行准入政策同时，实行户籍指标调控。合理配置进京户籍指标，优先解决好符合首都发展需要的专业管理和技术人才的落户需求。

实施居住证制度。以居住证为载体建立全市联网、部门联动的"实有人口信息系统"，按照"来有登记、走有核销"的基本要求加强流动人口基础信息采集，进行实时动态监控，有效提高人口管理的信息化和精细化水平。

建立人口服务管理责任制度。整合人口管理职能，建立"市级统筹、部门分管、属地负责、四级联动"的人口服务管理机制。实行人口总量调控的属地责任，落实区县政府人口服务管理目标责任制。

三、引导人口合理布局

按照城市总体规划确定的空间发展格局，强化规划和政策引导，积极促进人口按功能区域合理分布，着力缓解中心城人口过度集聚带来的运行管理和资源环境压力。“十二五”期间，要通过疏解中心城功能、增强新城综合功能、加强区域合作，推动人口空间布局优化。

有序疏解中心城人口。以功能疏解带动人口疏解。大力推进中心城优质公共服务资源向新城转移。加大文保区人口疏解力度。加快建设定向安置房，完善基础设施和公共配套，为外迁人口提供便利服务。

大幅提升新城的吸引力。促进重大功能性项目向新城配置，全面提升新城综合功能，集中力量打造“业城均衡”的综合新城，显著增强新城的承载力和吸引力，有效承接中心城功能和人口疏解。

促进流动人口在周边区域就业。深化基础设施、产业布局、城镇发展等方面的合作，促进周边区域的共同发展，以就业引导人口流动，减缓人口流入压力。

第四篇　文化彰显魅力

文化是决定创造、塑造未来的重要力量，是城市软实力的核心要素。北京作为一个有着3000年历史的文化古都，同时又是一座特大型的国际化大都市，要把塑造高品位、有特色的城市文化作为重要的发展战略。“十二五”时期，要树立“大文化”发展理念，充分发挥首都文化、科技、教育等优势，坚持继承与发展并重，挖掘首都文化资源优势，充分发挥文化引导社会、教育人民、推动发展的功能，着力提升城市文化魅力，增强文化服务功能，加快文化创意产业发展，扩大文化传播交流，不断增强文化的民族性、开放性与时代性，进一步提升全国文化中心地位，努力打造中国特色社会主义先进文化之都，使北京成为充满人文关怀、人文风采和文化魅力的城市。

第一章　整体保护历史文化名城

文化是城市的灵魂和魅力所在。我们的祖先曾经在这片土地上创造出灿烂的文化，留下丰厚的遗产，在城市化快速发展过程中，需要倍加重视文化的传承，加强历史文化遗产保护，同时致力于创造能够世代相传的新的城市遗产，使人们更好地感受到城市的文化魅力。

一、重构历史文化魅力走廊

北京南北中轴线和朝阜大街以其独特历史地位和丰富的文化遗存，构成了古都风貌骨架。“十二五”时期，要着重围绕“一轴一线”，集中力量打通重要节点，回填历史元素，恢复经典风貌，融入现代文化，形成集中展现古都历史文化、富有鲜活时代气息的城市魅力走廊。

系统规划实施魅力中轴线工程。组团式发展钟鼓楼区域，完成钟鼓楼周边环境整治，打通东西周边交通通道，再现晨钟暮鼓的历史景观。改善钟鼓楼至地安门两侧传统建筑风貌，恢复后门桥两侧景观和河岸绿带，与什刹海区域联动发展，营造滨水绿色的文化休闲空间，形成特色突出的历史文化街区。完善前门地区配套设施，推进大栅栏及周边环境整治，恢复前门大栅栏街区整体商业风貌。打造天桥传统特色文化演艺区，建设剧场群，使之成为传统剧目与现代演出相结合的演艺功能区。结合天坛医院搬迁，完善天坛区域森林绿地系统，展现皇家园林景观。集成优秀的文化景观设计，高水平规划建设南中轴森林公园，与奥林匹克森林公园遥相呼应，赋予中轴线以时代发展内涵，使之成为贯穿历史和现代都市发展的文脉。

再现朝阜大街美丽景观。重点围绕白塔寺、历代帝王庙、西什库教堂、北大红楼等重要节点，加强整体规划设计，修缮重点文保区院落，逐步恢复历史文化街区风貌。有效保护和合理利用朝阜大街北侧的胡同四合院风貌，发展特色旅舍、小剧场或小商铺，使之成为品味老北京独特韵味的重要街区。在保护文物的同时，更加注重文物背后文化内涵的开发，在展现美丽街道景观的同时，展示北京多元文化交汇融合的独特魅力。

图 2　南北中轴主要景观示意图

二、推进历史名城风貌保护

北京历史文化遗存丰富，文物保护单位众多。“十二五”时期要在全面加强文物保护的基础上，积极创新文保机制，推进文物保护由单体展示向分类、连片、成线区域性的综合保护转变。

推进旧城保护与发展的有机统一。坚持旧城整体保护原则，严格执行历史文化名城保护法律法规，发挥历史文化名城保护委员会的领导协调作用，加大政府投入，积极调动全社会积极性，保护好历史文化名城风貌。在注重文物保护的同时，深度挖掘文化内涵，使文物资源所承载的文化意义得以更加鲜活地传播。探索

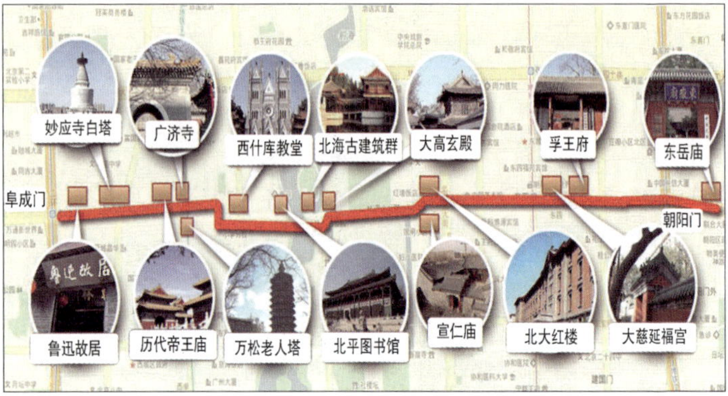

图 3　朝阜大街主要景观示意图

专栏 3:一轴一线

一轴是指中轴线,它南起永定门,北至钟鼓楼,长约 7.8 公里,集中了钟鼓楼、恭王府、皇城墙、中南海、故宫、太庙等文化元素,始于元忽必烈大都城的规划设计,至明清形成现有规模。建筑大师梁思成曾赞美道“一根长达八公里,全世界最长,也最伟大的南北中轴线穿过全城。北京独有的壮美秩序就由这条中轴的建立而产生。”

一线是指朝阜大街,它西起阜成门,东至朝阳门,长约 7.45 公里,集中了历代帝王庙、白塔寺、广济寺、鲁迅故居、西什库教堂、京师大学堂建筑遗存、孚王府、东岳庙等众多文物文保资源,汇聚了民居宫殿、寺院学府、园林山水、幽静庭苑和繁华商业,建筑风格各异,是历史上皇权正统文化和多元文化交汇的代表,被老舍誉为北京最美丽的街道,是北京旧城内一条极具城市传统历史文化特色、横贯东西的景观走廊。

设立历史文化名城保护基金会,动员社会力量参与旧城保护。积极推进文物保护机制创新,探索多种有效保护方式。研究制定文物保护与利用的相关政策和细化标准,探索产权人、使用人、社会单位等多方参与的保护模式。鼓励包括民营资本在内的社会力量参与老字号、名人故居、胡同、四合院、会馆等修缮、保护和利用。

加强重大文化遗产保护。继续推进长城、故宫、天坛、颐和园、圆明园、明十三陵、周口店北京猿人遗址等重大文化遗产的保护修缮和环境整治工作,推进以历史名园为核心的首都世界名园建设。保护好故宫周边地区、城市中轴线、皇家园林、坛庙等文化景观及大运河、云居寺等历史文化遗存申遗工作。实施颐和园须弥灵境、北海公园万佛楼大佛殿、香山昭庙遗址等少数民族建筑的复建保护。注重郊区历史文化风貌保护,加强优秀近现代建筑和重要工业遗产的保护。

三、让文化元素融入城镇乡村

提升城市建设的文化品位。全面加强新城建设、新区开发、小城镇发展中的布局和形态规划,注重城市街区和建筑整体设计,打造风格协调的魅力建筑群和各具特色的街道及城市景观。全面放开城市设计市场,丰富城市建筑文化元素,加强城市建设艺术评审,努力创造出能够世代相传的新的城市文化遗产。

建设美丽乡村。在新农村建设中注重自然景观和乡村民居特色保护。加强乡村历史文物建筑修缮,积极挖掘整理历史典故、名人、传说、民俗等资源,让纯朴清新的乡村风貌风情、自然人文景观在城市化进程中得以传承和保护。

四、保护弘扬非物质文化遗产

健全非物质文化遗产保护制度。加强非物质文化遗产的普查、认定和登记，建立非物质文化遗产档案和资源数据库。多种形式开展非物质文化遗产的宣传和传承。鼓励传统文化、表演、手工等“传帮带”。结合传统节日和重大节庆活动，举办丰富多彩的文化活动，使市民通过体验、互动等多种方式参与优秀传统文化的传承。鼓励社会力量参与非物质文化遗产的保护和开发，把非物质文化遗产的资源优势转化为带动经济发展的优势，使非物质文化遗产在提升经济价值的同时得到保护和弘扬。

第二章　提供丰富多彩的文化服务

坚持社会主义先进文化方向，充分挖掘与有效利用首都丰富的文化资源，推进文化事业繁荣发展，着力完善公共文化服务网络，推进文化内容创新，塑造健康向上的社会文化环境，更好地为丰富市民精神文化生活服务，为提升科学文化修养和城市文明素质服务。

一、提升公共文化服务

完善基本公共文化服务网络。深入实施文化惠民工程，着重加强基层文化服务。改善基层公益文化活动设施，完成新城区级文化馆、图书馆达标建设，实现街道、社区和乡镇文化站达标覆盖。提高基层文化工作队伍素质，开展丰富多样的群众文化活动，促进基本公共文化服务均等化。

加快重大功能性文化设施建设。集中建设一批重大文化设施，显著提升文化服务功能。完成国家国学中心、国家美术馆、中国工艺美术馆、中国非物质文化遗产展示馆、中国出版博物馆、中国园林博物馆等国家级文化设施建设，积极争取新的国家大型文化设施落户北京。建成奥运博物馆、北京人艺国际戏剧中心、北京科学中心、北京市档案馆、北京儿童文化艺术中心、北京歌舞剧院剧场、北京美术馆、首都交响音乐厅、北方昆曲艺术中心、北京文化活动中心等标志性文化设施，增强公共文化服务能力。

推动文化设施和服务合理配置。适应城市化发展要求，重点加强城南地区、城乡结合部、新城、重点镇、大型社区等区域文化设施配置。推进多厅影院规划建设，加快影院数字化进程。大力发展图书馆、博物馆、档案馆、文化馆等公共文化设施。加强优秀文化典籍整理，完成第二轮规划志书编修工作。统筹规划演出设施，恢复和提升中和戏院、广和剧场、吉祥戏院和西单剧场等老字号演出场所功能。多种方式盘活文化设施资源，鼓励单位内部剧场设施面向社会开放，建立由剧场、演出单位共同组成的剧场联盟，统筹安排剧场资源和演出，让剧场有演出、演出有剧场，积极培育和打造常演不衰的驻场品牌剧目。

二、推进文化产品创新

加强对文化产品创作的引导，大力推进文化内容形式创新，努力推出更多更好的优秀文化产品。

深入实施文化精品工程。研究制定促进文化产品创新的政策措施，着力鼓励支持原创，激发企事业单位和个人的文化创造力，在图书、影视、动漫、音乐、戏剧等领域，创造出更多思想深刻、艺术精湛、群众喜闻乐见的文化产品。大力引进、培养和聚集高端文化人才。积极打造高水平文化院团，稳步提高地方院团影响力，积极支持在京中央院团、艺术院校发展。通过政府购买服务、放宽市场准入等措施，促进政府与市场共同提供公共文化产品和服务，扩大文化消费，释放文化发展活力。

繁荣哲学社会科学。充分借助首都丰富的社会科学研究资源，推进学科体系、科研方法创新，深入开展基础理论和应用对策研究，努力涌现更多的优秀学术成果，培养、造就高素质的学术人才队伍。鼓励支持建设服务首都发展的思想库和智囊团。加强学术规范，树立良好学术风气。促进哲学社会科学研究成果共享。加强对社科类社会组织和民办科研机构的服务和管理。鼓励科普创作，健全科普服务网络，更好地为提升市民科学文化素养服务。

三、建设共有精神家园

进一步加强社会主义精神文明建设，把弘扬民族优秀文化、提升道德情操、普及科学文化知识、发展公共文明、培育城市精神摆在更加突出的位置，致力营造健康向上的社会文化氛围，促进市民文明素质和城市文明程度不断提升。

加强社会主义核心价值体系建设，广泛开展爱国主义等宣传教育活动。深入推进社会公德、职业道德、家庭美德、个人品德建设，倡导爱国守法和敬业诚信。持续深入开展“爱首都、讲文明、树新风——做文明有礼的北京人”的主题活动，实施礼仪、环境、秩序、服务、观赏、网络等公共文明引导行动，提升市民文明素质。加强市民文明素质教育培训，培育和增强广大市民的首都意识和首善意识，营造奋发进取、理性平和、开放包容的社会心态，提倡修身律己、尊老爱幼、勤勉做事、平实做人，推动形成我为人人、人人为我的社会氛围。净化社会文化环境，深入推进未成年人思想道德建设，保护青少年身心健康。

全面推进文明区县、文明村镇、文明单位、文明社区等多形式的创建活动，广泛动员社会各方面力量参与文明城市创建。抓住影响城市形象的重大问题，从细节入手、从具体事抓起，提升城市文明形象。

第三章　提升文化创意产业竞争力

文化创意产业已经成为首都经济的重要支柱和新增长点。“十二五”时期要着眼于建设中国特色世界城市，立足促进首都产业升级和文化繁荣，着力推进文化创新，优化文化创意发展环境，推动文化创意产业发展水平和竞争力的进一步提升，把北京建设成为具有国际影响力的文化创新、运营、交易和体验中心。

一、打造文化服务功能区

依托首都丰富的文化资源，统筹规划布局，吸引高端要素流入，着力培育具有战略支撑作用的文化服务功能区和不同特色的文化创意集聚区，引导文化创意产业集群化发展，为进一步提升首都文化中心功能提供有力支撑。

规划建设文化服务功能区。根据城市功能配置要求、文化资源聚集状况和发展基础条件，集中力量推动重大的标志性的城市文化服务功能区规划建设，显著提升首都城市文化服务功能。加快建设以奥林匹克公园为中心的现代演艺功能区。发展以孔庙、国子监为中心的国学文化展示区。抓好以颐和园和天坛公园为代表的皇家园林文化展示区。构建以天桥为中心的北京传统特色演艺区。形成以什刹海、南锣鼓巷为中心的四合院休闲文化区。积极推进国家音乐产业园区、首都剧院区等规划建设。大力发展绘画、艺术品、时尚艺术等多种类型的文化体验功能区。

显著提升文化创意集聚区发展水平。发挥重大项目带动作用,促进文化资源聚集与合理配置,推进集聚区规模化、特色化发展。整合提升30个市级文化创意产业集聚区。引导和促进特色文化创意村落、街区、工厂发展。重点支持中国动漫游戏城、中国北京出版创意产业园、中华文化主题公园、国家新媒体产业基地星光影视园、中影数字电影制作基地、西山文化创意大道、CBD－定福庄传媒走廊、平谷中国乐谷等重大项目建设,提升集聚能力,增强带动作用,形成多元支撑、特色发展格局。

二、推进文化创意产业升级

以整合资源、培育知名品牌和龙头企业为着力点,更加注重培育新兴文化产业,促进产业融合,显著提升文化创意产业的整体水平和竞争能力,巩固文化创意产业的支柱地位。

巩固提升优势文化创意产业。以积极培育大型企业集团和上市公司为重点,巩固壮大文艺演出、新闻出版、广播影视、艺术品交易等优势行业。充分利用首都演出资源和市场中心地位,统筹规划场馆设施,深化国有经营性文艺事业单位转企改制,打造一批经典演艺品牌,提升文艺演出业。实施出版精品战略,加快版权交易、版权贸易等平台建设,壮大新闻出版业。大力支持北京电影学院等建设,实施影视剧精品创作工程,全面推进高清交互数字电视应用,加快电影院线建设和影院数字化,做强广播影视业。鼓励艺术品交易经营企业专业化、特色化和精品化,繁荣艺术品交易产业。

大力发展新兴文化创意产业。以加大技术开发、培育产业链条、促进产业联盟为着力点,培育壮大设计创意、动漫游戏、数字出版、新媒体等新兴文化创意产业。实施设计产业提升计划，大力发展工业设计、建筑设计、时尚设计，发展设计产业集聚区，努力打造设计之都。加快研发具有自主知识产权的网络游戏引擎、3D 动漫电影等新兴实用技术，鼓励本土动漫游戏企业开发自主原创、具有民族底蕴的优秀产品，做大动漫游戏产业。争取国家数字出版基地落户北京，推进宽带无线多媒体专网示范工程，加快发展下一代广播电视网，培育新媒体产业。在挖掘传统文化内涵基础上，促进文化与科技、旅游、体育、信息、金融、会展等产业的融合发展。

三、优化文化创意产业环境

大力推进文化体制改革和政策创新，促进资源整合和市场主体培育，进一步完善文化要素市场，塑造更富活力的文化创意产业发展环境。

培育富有活力的文化市场主体。推进国有经营性文化事业单位转企改制，鼓励文化企业实施跨地区、跨行业、跨媒体、跨所有制联合和兼并重组，走品牌化道路，着力培育一批有实力、竞争力强的品牌骨干文化企业。积极培育国家大剧院等世界一流的标志性品牌。放宽市场准入，鼓励民营资本进入文化创作、制作和交易市场。进一步发挥文化创意产业中介机构、行业组织的作用，积极发展战略投资者，支持文化创意企业发展上市。

构建发达的文化要素市场。完善文化创意产业投融资机制，促进文化与资本深度对接。健全融资服务平台，支持社会资本设立各类文化创意产业投资基金、担保公司、小额贷款公司，鼓励金融和保险机构开发面向文化创意产业的金融产品。成立北京文化产权交易所、国家版权交易所和中国设计交易市场，建立中国艺术品交易中心，提升首都文化产品创作、生产、交易的功能。健全文化资产评估机制，构建文化产权保护体系，加大对文化产品和品牌的保护。

第四章　推动文化传播的创新拓展

适应全球化发展与竞争要求，致力于加强文化产品和服务贸易，构建高效的传播网络，塑造有亲和力的文化环境和社会氛围，鼓励优秀文化走向世界，显著提高首都文化的国际影响力。

一、扩大文化产品和服务输出

研究制定支持文化产品和服务出口的政策措施，积极引导文化创意企业根据国外文化消费市场的特点和需求，定制相关文化产品和服务，打造一批具有一定国际影响的文化出口品牌和企业。鼓励在境外兴办文化实体、设立分支机构，推动文化企业落地经营。积极利用国际文化创意产业博览会等贸易平台，组织文化企业参加国际性文化会展和活动，支持文化企业参与国际市场竞争。依托友城、驻外机构、海外华人等资源，积极协助文化企业开拓海外市场，建立国际化的营销渠道。

二、构建高效的文化传播网络

加强文化传播基础设施建设，积极利用数字传媒、网络技术等现代科技手段，大力发展新兴传播，拓宽文化传播覆盖面和影响力。打造全国领先、具有国际影响力的传媒集团。大力发展文化经纪人市场，发挥其文化营销和文化传播的“渠道”作用。有针对性地开展对外宣传，注重与海外媒体合作，打造“魅力北京”文化品牌。实施北京国际艺术节海外推广计划，系统策划文艺演出季，创办北京国际电影季、北京国际儿童艺术节、北京国际图书嘉年华，重点办好北京新年音乐会、北京国际音乐节、北京国际戏剧舞蹈演出季、相约北京联欢活动等品牌文化活动，更好发挥文化传播作用。多种方式开展国际文化交流，吸引国际一流文化项目落户北京。

三、为游客感受文化魅力更好服务

拓展旅游的文化传播功能，充分挖掘皇城、胡同、老北京等特色资源，开展文化旅游和创意旅游，不断推出丰富多样的旅游线路和旅游产品，打造能轻松自由漫步的街道，鼓励剧场、演出单位与旅游企业广泛开展演艺剧目运营合作，使国内外游客更好地体验感受首都文化魅力，成为首都文化的传播者。大力发展老字号和传统京城小吃等饮食文化，积极引进国内知名菜系和餐饮品牌落户，广泛引进世界美食，使北京成为餐饮文化荟萃、知名的世界美食之都。

第五篇　城市服务生活

进入新阶段，北京的发展正经历着人口规模不断增加、技术变革层出不穷、社会需求更加多样等一系列变化的考验。这些变化成为塑造城市的重要力量，也决定了北京在相当长的时期内仍将处于空间格局优化调整、基础设施提升完善的过程中。特定的城市功能和有限的资源环境，客观上要求北京必须注重转变城市发展方式，把优化功能布局和提升特大城市治理效能作为重点，立足于率先形成城乡经济社会一体化发展新格局，切实推进城市功能配置、空间布局和基础设施建设的统筹衔接，促进城市规划、建设与经济社会发展更加协调，城市管理运行更加安全高效、智能精细，使城市发展更好地服务于人们生活，逐步走向成熟、更具活力。

第一章　构筑城乡区域协调发展格局

城市发展的协调取决于功能配置的协调，特别是不同服务功能在空间内的合理配置。未来五年，要进一步强化四类功能区域的主体功能，加快城市空间格局由功能过度集中在中心城向多功能区域共同支撑转变，推动城市发展建设重心向发展新区转移，加快新城建设和薄弱地区崛起，建设现代化新农村，促进城乡区域协调发展，构建城乡一体、多点支撑、均衡协调的城市发展格局。

一、引导市域按功能分类发展

按照国家主体功能区规划的战略要求，着眼于提升首都功能，坚持区县功能定位，引导城市功能统筹布局，推进区域产异化、特色化发展和整体效能最大化。

首都功能核心区。是首都“四个服务”职能的主要承载区、历史文化名城保护和集中展示区，要坚持风貌特征鲜明、管理服务优质、功能优化疏解、南北融合协调、产业发展高端。把历史文化名城保护与传承作为重要任务，全面落实城市规划，推进旧城区整体保护和渐进式小规模有机更新，加大重点街区和重点院落风貌修缮保护力度，探索开发利用地下空间解决公共设施配置不足问题，既要保护外部历史风貌，又要推进内部生活居住条件的现代化，实现民生改善和旧城保护发展的有机统一。优化提升主导产业，重点发展金融保险、商务会议、文化旅游等高端服务业。深化网络化、精细化管理，推进街道服务标准化、便利化，全面提升城市运行保障能力和服务水平。加快南北城服务资源、产业要素、发展空间的优化整合，有效保护南部历史文化风貌，注入高端发展要素，提升南部地区发展水平。积极推进功能和人口疏解，严格控制旧城区新建住宅开发项目，严格控制大型公建项目，严格限制医疗、行政办公、商业等大型服务设施的新建和扩建，严格禁止疏解搬迁区域的人口再聚集。

首都功能拓展区。是首都面向全国和世界的服务功能的重要承载区，是首都经济辐射力和控制力的主要支撑区，要坚持产业高端化、发展国际化、城乡一体化。强化科技创新、商务服务和国际交往功能，进一步集聚各类高端产业要素特别是国际要素，集中力量建设高端产业功能区。扩大和巩固生产性服务业、高技术产业发展优势，提升整体影响力和竞争力。加快城乡结合部改造，统筹解决好产业升级、环境提升、人口管理、集体产权改革等问题，推进城市基础设施、公共服务在区域内的全覆盖。

城市发展新区。是首都战略发展的新空间和推进新型城市化的重要着力区，要坚持加快发展、完善功能、壮大实力。围绕新城和重点镇建设，高标准配置区域基础设施和公共服务设施，高水平建设生态环境，有效承接产业、人口和城市功能转移。围绕重点产业功能区，推进集中连片开发，吸引集聚央企、外企、大型民企等发展要素，着力发展先进制造业、战略性新兴产业和生产性服务业，壮大经济实力，将发展新区培育成为未来增长极和发展新空间。在有效保护农民利益的基础上，多途径稳步推进区域人口向城镇集聚，提高郊区城市化水平。加强生态控制，节约利用资源，合理控制土地开发强度。

生态涵养发展区。是“绿色北京”秀美自然风貌的展示区和生态友好型发展建设的示范区，是首都最为宝贵的生态资源和水资源涵养保障区，也是市民休闲度假、户外运动的主体区域，要持续加大保护力度、培育生态型产业。深度系统加强生态资源、水资源保护，实施宜林荒山绿化、矿区生态恢复、水源保护和小流域综合治理等重点工程，大幅提升生态涵养保障能力。探索多种途径将生态资源优势转化为生态发展优势，积极鼓励央企、外企的后台资源、总部配套服务资源的集聚，引导高端会议、研发设计等到生态涵养区发展。充分发挥生态环境优势，重点培育健康休闲、体育健身、文化创意等产业。积极推进古北水镇、龙湾水乡、房车营地及云蒙山风景区等重大项目，建设密云国际绿色休闲旅游产业综合示范区。建设延庆“绿色北京”示范区。打造中瑞生态谷、中芬生态谷、司马台—雾灵山、延庆百里山水画廊等一批品牌沟谷,促进沟域经济发展。完善门头沟、房山等交通条件和旅游设施,使西部地区与北部山区一样成为市民旅游休闲集中地。建设平谷京东文化旅游区。继续完善生态补偿机制。健全区县合作帮扶长效机制。完成泥石流易发区、采空区农民搬迁。坚决退出资源开采型产业。

二、振兴城市发展的薄弱地区

城市发展过程中出现区域性的不平衡是一种客观存在。过去五年,针对各方关注的城市南部、西部及城乡结合部等发展相对落后地区,相继启动了一系列重大行动,开始取得明显成效。“十二五”时期,要继续坚持基础设施先行,着力加大产业引进培育力度,改善民生环境,使这些地区逐步成为城市发展的新热点和充满活力的区域。

加快城市南部地区振兴崛起。继续以打基础、调结构、上水平为目标,深入实施“城南行动计划”,发挥重点功能区和骨干项目带动作用,全面加快城南地区发展步伐。加强旧城南部传统风貌保护和特色产业培育,实施好北京新机场、园博园、南中轴森林公园以及京良路、京石第二高速等西南部主要通道等一批重大项目,带动基础设施、公共服务显著改善。加快丽泽金融商务区、丰台总部基地、大兴新医药基地和房山高端制造业基地等发展,超前规划北京新机场临空产业,提升城南经济实力。

推进城市西部地区转型升级。围绕生态重建和经济转型两条主线,突出首钢搬迁调整区和永定河绿色生态发展带两个重点,推进石景山国家服务业综合改革试点区建设,推动西部地区整体转型发展。实施首钢搬迁调整区改造升级，整合带动石景山、门头沟等周边地区发展。推进永定河生态治理，规划建设永定河绿色生态发展带。加快发展108、109国道沿线生态旅游休闲带。加快西部地区基础设施和公共服务设施建设。继续推进矿山关闭地区生态修复和替代产业发展，恢复西部秀美山川。

加快推进城乡结合部城市化建设。按照“坚持农民主体、尊重农民意愿、保护农民利益”的原则，加快城乡结合部地区城市化建设。完成集体产权制度改革，科学规划、整合利用集体土地，聚集产业发展要素，壮大集体经济实力，解决农民长远保障，使农民成为有资产、有住房、有工作、有社保的新市民。加快中心城区公共设施和运行管理向城乡结合部地区延伸覆盖，配套完成乡镇向街道、村庄向社区的转变，完善城乡一体的社会保障、城市运行和社会管理体系。加强规划控制和城市管理，严格防止形成新的城乡结合部问题。

三、建设功能完善的现代新城

新城建设在“十一五”时期已经迈出了坚实的步伐，未来五年将处于整体成型的关键阶段。要适应城市发展重心转移、整体功能提升的要求，统筹考虑、科学安排，创新新城发展理念和建设模式，按照面向未来的战略定位，系统分类推进，使新城成为宜居宜业、更富吸引力的现代化城市，成为首都功能的新载体和区域城市群的重要节点。

分类推进新城建设。坚持“突出重点、分类推进”，根据区位条件和功能定位，使新城加快成长为面向中心城的综合新城和带动区域发展的区域新城。

集中力量聚焦通州，全面承接中心城功能疏解，突出商务、文化、教育、医疗等城市综合服务功能,充分彰显运河文化及滨水特色,坚持先进理念、技术和标准,将通州新城打造成为国际一流的现代化新城。

顺应城市发展规律,为有效疏解中心城功能和人口,重点建设发展新区顺义、亦庄—大兴、昌平和房山等新城,在辐射带动区域发展的同时,着重提升面向中心城区的综合服务和人口疏解功能,成为综合性新城。

加快建设门头沟、延庆、怀柔、密云、平谷等生态涵养区新城,重点提升区域公共服务中心和产业集聚中心功能,带动区域城市化,成为区域性新城。

建设更加便利而高效的新城。坚持高水平规划、高标准配套,强化科学发展的理念,统筹推进新城建设。建设更高标准的交通、能源、水资源、环境和信息等基础设施。建立更高效率的城市管理系统,配套更高水平的教育、医疗、文化体育等公共服务设施,大力引导中心城优质服务资源向新城辐射,鼓励中心城区名院、名校向新城发展。使新城在主要基础设施、公共服务以及城市管理方面相对于中心城有更强吸引力。

建设更加宜业而有活力的新城。大力提升新城产业规模和发展水平,在新城创造更多就业机会,吸引人口到新城就业居住。加强新城产业园区与中关村自主创新示范区等高端产业功能区的对接,积极引导鼓励国家级科研院所、高等院校、央企总部、外企总部及分支机构以及市属院所、事业单位等向新城发展和布局。依托重大产业项目,打造一批综合竞争力强的产业集聚区,使新城成为科技成果产业化、高端制造业和生产性服务业的重要承载地。发展壮大便捷、完善的生活性服务业。

建设更加宜居而有魅力的新城。以风貌、环境、文化为核心,加强城市景观和建筑风格设计，构建特色鲜明的城市风貌。建设与周边田园风光浑然一体、便于市民休憩的生态绿地系统。注重城市个性培育，尊重区域历史文脉，展现当地文化内涵，引导培育新城居民的城市文化归属感，使新城成为更加亲近自然、富有文化魅力的生态宜居城市。

四、发展各具特色的城镇乡村

“十一五”时期，通过实施重点镇和新农村建设“双轮驱动”，农村基础条件和面貌发生了显著变化，但城乡之间的差距仍然较大，农村经济发展、农民生活水平仍需进一步提升。未来五年，既要积极稳妥推进农村城市化，更要大力推进农村现代化，以小城镇和新型农村社区为着力点，建设城乡一体的基础设施和基本公共服务，统一城乡居民社会保障，让农民就地享受到城市生活。

分类打造现代特色小城镇。以重点镇为基础，按规划集中力量打造一批特色突出、环境优美、经济繁荣的现代宜居小城镇。立足小城镇资源条件和发展基础，在主导产业、城镇风貌和人文环境等方面突出发展特色，分类推进旅游休闲特色镇、科技和设施农业示范镇、商务会议特色镇、园区经济特色镇、重点产业功能区配套服务特色镇等小城镇建设。积极引导设立小城镇发展基金，吸引社会资本进入，加快小城镇发展。

启动建设新型农村社区。立足改善农村人居条件、传承乡村文化与农业文明，推进富有田园特色和乡村风貌的新型农村社区、农村新民居建设。参照城市社区建设规范，研究制定农村新型社区公共设施配置和建设标准，统筹配置农村新型社区基础设施和公共服务设施。向农民免费提供安全美观、低碳节能、风格多样的新民居设计方案，制定建设标准，加强节水、节地、节能、节

专栏4：特色小城镇

旅游休闲特色镇：旅游资源丰富、区位条件较好的山区城镇，如门头沟斋堂、平谷金海湖、密云古北口等。

科技和设施农业示范镇：设施农业发达，节水、籽种、精准耕作等先进技术在农业中应用广泛、具有示范作用的小城镇，如昌平小汤山—兴寿、房山琉璃河等。

商务会议特色镇：交通便利，具有生态、历史人文等优势资源和会议会展配套设施的小城镇，如怀柔雁栖—怀北镇、丰台王佐镇青龙湖等。

园区经济特色镇：设施齐全、具有一定规模产业园区的平原地区小城镇，如大兴采育、顺义高丽营、通州台湖等。

重点产业功能区配套服务特色镇：区位条件好、毗邻大型产业园区和功能区的小城镇，如昌平南口(为三一重工配套)等。

材等新技术的应用，提高农村住宅建设现代化水平。

推进城市管理服务延伸。推进城市基础设施向农村延伸对接、城市管理向农村延伸拓展、基本公共服务和社会保障向农村延伸覆盖、生产生活社会服务网络向农村延伸发展，加快城乡管理和公共服务的一体化。逐步实施农村社区化管理。积极培育面向农村生产生活服务的社会化服务体系，全面改善农村生产生活条件。

发展壮大集体经济。加快推进农村集体产权制度改革，激活农村集体土地、集体山场、集体沟域等发展要素，使农村集体经济释放新的发展活力。引导发展要素向农村集聚，支持各类中央企业、高校院所以及大型企业集团到小城镇和农村地区合作发展。围绕大型产业园区和重大产业项目，积极发展配套型服务产业。支持有条件的集体企业和农业企业上市发展。

第二章　建设系统完善的基础设施

奥运会筹办推动本市基础设施实现了跨越式发展。“十二五”时期,要从推动城市可持续发展的战略高度,更加注重城市运行管理,突出抓好交通疏堵、资源供应和垃圾处理等市民关心的重大问题,推进城市建设由设施建设向功能建设转变,统筹处理好局部与系统、地上与地下、生产与排放的关系,大幅提高基础设施的系统性、安全性和可靠性,更好地适应经济社会发展要求和服务市民生活。

一、努力实现便捷出行

交通拥堵已成为城市运行管理中的突出矛盾之一,未来本市交通将面临越来越大的压力。“十二五”时期,要坚持公交优先发展战略,引导小客车合理使用,加快交通基础设施建设,提升交通综合管理与服务水平,积极倡导文明出行,努力缓解中心城特别是核心区的交通拥堵,确保首都交通整体安全顺畅。

大力落实公交优先战略,中心城公共交通出行比例力争达到50%。逐步构建起以轨道交通为骨干、地面公交为主体、换乘高效的立体化公共交通网络。

优先加快中心城轨道交通建设。全面完成2015年轨道交通561公里近期线网建设规划,加快实施中心城轨道交通加密工程,2015年全市轨道交通线网运行总里程达到660公里。

建设公交快速通勤网络。建成阜石路、广渠路大容量快速公交线路,在中心城快速路、主干路等主要客流走廊上施划公

图 4　北京市 2015 年轨道交通线网图

交专用道，总里程达到 450 公里以上，提高通勤高峰期公交出行效率。

优化立体化公交换乘条件。大力改善地面交通间、轨道交通间、轨道与地面间公交换乘条件。建成 5 处综合交通枢纽，5 处公交中心站和 25 个公交首末站。严格规范标准，随轨道交通线网同步建设 P + R 停车设施。

强化交通综合管理。采取机动车总量控制措施，遏制机动车保有量过快增长势头。加强机动车需求侧管理，通过扩大差别化停车收费区域范围等手段，引导机动车合理使用。建立停车场建设管理新机制，规范配建停车设施，鼓励社会力量参与经营性停车场建设。完善切实可行的交通应急预案，积极应对极端天气等突发事件。

加强交通能力建设，整体提升中心城交通供给水平。实施中心城路网加密。加快建设东西二环等地下隧道，缓解重点区域交通拥堵。大力推进中心城微循环道路建设，逐步消灭断头路，提高路网连通性和通达性。

完善中心城干道网。基本实现中心城城市快速路网规划，建成广渠路二期、西外大街西延二期、京包路(四环—五环)、姚家园路、京顺路(四环—五环)等快速路，新增快速路约40公里，累计达到300公里。基本建成五环内城市主干路网，重点建设南北向主干路、西南部干道网和功能区周边路网。

完善自行车行车道和行人步行网络。为步行者和骑车人的绿色安全出行提供方便，基本建成中心城无障碍交通设施网络，让老年人和残疾人出行更加安全便捷。

推行人性化智能交通管理，提高通行效率。五环路内实现智能交通全覆盖，实现交通信号的智能控制。全面实现轨道交通、地面公交和出租车的智能化调度。及时发布路况、停车等动态交通信息，引导社会车辆交通出行。扩大电子收费覆盖范围，实现高速收费路口快速通行。

建设市域快速综合交通体系，让城乡共享快速交通资源。利用市郊铁路、城际铁路，实现“区区通轨道”。加快建设中心城与新城，新城之间快速联络通道。建设高速公路联络线，实现所有重点镇、重点功能区域与高速公路互联互通。加大提级改造力度，完善干线公路和县乡村公路。加快浅山区路网建设，基本实现“一环、十一放射、多联络”的浅山区路网格局。研究增加西北方向交通通道。2015年，市域公路总里程达到21500公里。

提高对外交通能力，让交通往来更加便捷。打造国际航空枢纽及亚洲门户。建成北京新机场一期，新增航空旅客吞吐能力4000万人次。完善首都国际机场功能。2015年全市航空旅客吞吐能力超过1.2亿人次。加强新机场和首都国际机场、中心城间交通联系，实现新机场半小时通达中心城区。

建成京沪高铁、京石客专、京沈客专、京张城际、京唐城际等，实现北京与周边主要城市间高速通达。进一步巩固全国铁路主枢纽地位。改扩建丰台火车站，建设星火站和新北京东站，形成7个主要铁路客运枢纽格局。

形成以北京为中心的“三环、十二放射”高速公路网络。建成京台高速北京段、京昆高速、京新高速（五六环段）、密涿高速北京段、110国道二期、109国道、京密高速等高速公路。推进环首都大外环高速公路建设，削减过境交通。新增高速公路通车里程200公里，市域高速公路通车总里程达到1100公里。依托高速公路和铁路，完善北京出海快速交通通道。

二、保障安全可靠供水

继续坚持外部开源、内部挖潜、厉行节约、循环利用的战略思路，全面完成南水北调配套工程，保证外调水送得进、用得出，确保城乡供水安全。

保障水资源供应安全。加快南水北调配套工程建设，2014年具备消纳10亿立方米南水北调来水条件。完善域外应急调水机制，提高域外应急调水能力。

图 5　北京对外交通示意图

大力推进污水资源化。全面完成城中心区污水处理厂升级改造，新建污水处理厂按再生水厂标准一步建成。2015 年再生水生产能力超过 10 亿立方米，全市再生水利用率达到 75%。

保持本地水源地供应能力。继续加强与水源地上游地区合作，加大密云等水库水源保护力度，增加上游来水量。加强城市雨洪水利用。

建立战略储备。做好海水淡化和深层地下水利用前期工作储备。结合南水北调通水，涵养城市水源，研究建设地下水库，逐步建立水资源安全储备体系。

提升城乡供水能力。加快郭公庄水厂和第十水厂等主力水厂建设，新增集中供水能力143万立方米/日，中心城高峰供水安全保障系数提高到1.25。加快新城供水厂建设，实现每座新城至少有一座主力水厂、新城内管网互联供水。提高农村供水水平。加快建设和改造城市供水管网，自来水管网漏失率下降到14%。

促进全社会自觉节水。坚持最严格的水资源管理制度，建立区域取水总量控制指标体系，严格实行建设项目节水"三同时"，开展新建重大项目节水评估。建立严格的产业节水准入制度，淘汰高耗水产业。制定完善的节水器具认证体系，城市居民家庭节水器具普及率达到95%以上。推广雨洪利用技术和农业灌溉节水技术。工业用水重复利用率达到95%以上。减少施工降水，禁止无序排放。

三、提供清洁优质能源

本市能源资源严重依赖外部，建设"绿色北京"和世界城市对能源安全可靠供应、清洁高效利用和多样便捷服务提出了更高要求。"十二五"时期，要适应特大型城市能源运行特点和绿色发展要求，以确保能源安全为前提，加快能源结构调整，更加注重能源供给的系统性、安全性、多元性、多向性和清洁性，实现能源供应体系新跨越。

加快能源结构调整。大力削减煤炭终端消费，显著提升天然气、电力、新能源和可再生能源利用水平，实现2015年优质能源占能源消费总量比重达到80%以上。严格限制中心城区燃煤使用，完成三大燃煤电厂和63座大型燃煤锅炉天然气改造，继续实施非文保区平房、简易楼小煤炉清洁能源改造，基本实现五环内供热无煤化。2015年煤炭消费总量力争控制在2000万吨以内。积极推进太阳能、地温能、生物质能等新能源和可再生能源的开发利用。

表2　北京市2015年能源消费结构表

年度 能源种类	2009年			2015年		
	实物量	标准量	比重(%)	实物量	标准量	比重(%)
煤炭(万吨)	2664.7	2059.7	31.3	2000	1500	16.8
调入电(亿千瓦时)	512.6	1529.6	23.3	710	2200	24.4
天然气(亿立方米)	69.4	842.7	12.9	180	2200	24.4
油品(万吨)	1269.0	1809.6	27.5	1680	2550	28.3
可再生能源	-	180.0	2.7	-	550	6.1
其　它	-	148.7	2.3	-	-	-
合　计		6570.3	100.0		9000	100.0

着力解决城乡供热瓶颈。按照“稳定中心大网、发展区域新网、加强多元互补、实现多网共联”的原则，全面推进中心城区供热布局调整，加快建设郊区供热设施，新增供热能力2亿平方米，2015年全市总供热能力达到8.5亿平方米。稳定和完成城中心供热网，建成东南、东北、西南和西北四大燃气热电中心，发展一批燃气尖峰锅炉房，形成“1+4+N”的中心大网。充分利用各种新能源和新技术，建设区域性供热中心或分散清洁供热系统，逐步形成中心大网和区域供热相结合的城区供热格局。所有新城全部实现集中供热，基本实现重点镇集中供热。引进域外热源，解决通州、大兴等部分供热需求。统筹重点产业功能区供热、制

冷、热水、电力等能源需求，高起点建设一批区域能源中心。

专栏5："1+4+N"的中心大网格局

"1"是建设一个稳定的中心大网；

"4"是以热电联产电厂作为热网主力支撑，按照"两扩两迁，先建后拆"的原则，建设四大燃气热电中心；

"N"指按照与热电厂基荷1:1配比建设燃气尖峰锅炉，作为辅助热源。

四大燃气热电中心：

东北热电中心：位于朝阳区高安屯，供热能力为2400万平方米。

东南热电中心：位于朝阳区王四营，供热能力为3900万平方米。

西南热电中心：位于丰台区草桥，供热能力为2100万平方米。

西北热电中心：位于石景山区高井，供热能力为3600万平方米。

大幅提升天然气供应保障能力。建成陕京四线、唐山液化天然气、大唐煤制气等重点气源工程，实现气源多方向供应。建设地下储气设施，增强调峰应急能力，保障冬季用气安全。新建高压外围大环，建成六环路二期等市内输配管网干线工程。新建西沙屯、高丽营等门站。建成"三种气源、六条通道、两大环线、九座门站"的天然气供应保障系统，天然气年接收能力超过200亿立方米，全部门站日接收总能力达到2.4亿立方米。继续完善城市配气管网，重点建设五环路与六环路联通线、四大热电中心专用供气管线等工程。推进新城和乡镇燃气管线建设。10个郊区新城全部接通管道天然气，重点镇基本实现燃气管道化。

建设坚强可靠的城市电网。加强外受电力通道、变电设施建设，完善高压环网，实现从东北、山西、内蒙古等5个方向、10大通

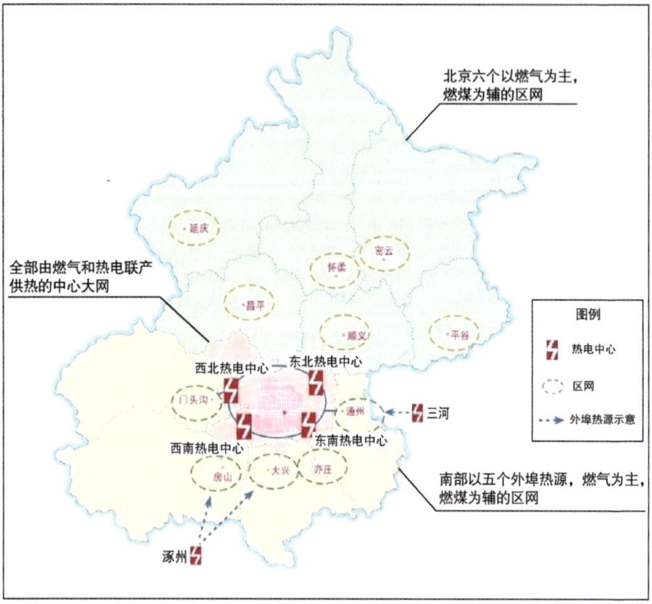

图 6　2015 年北京市主要热源点建设布局示意图

道接受外部电力，外电接收能力达到 2500 万千瓦，比 2010 年提高 25%。增强本地电源支撑，本地电源比例达到 35% 左右。新建、扩建变电设施，五环内变电站双方向电源比例提高到 80%，重要功能区配电网实现双环网结构。到 2015 年，城市供电可靠性达到 99.995%，城市核心区和重要功能区供电可靠性接近 99.999%。建设延庆智能电网示范区。

提高成品油运输储备能力。适时开展环六环成品油输送管线改造，提高成品油管输能力。新建、扩建成品油仓储设施。进一步强化本地原油加工能力。

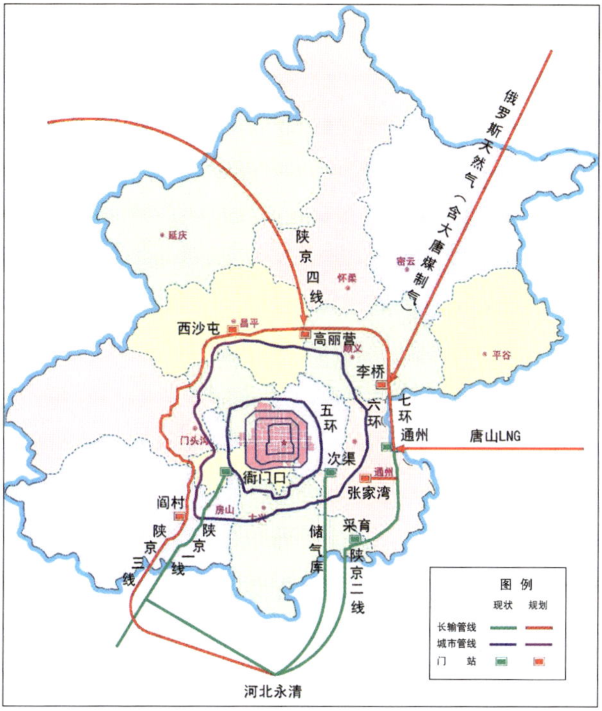

图 7　2015 年天然气主要气源及门站规划布局示意图

四、建设信息高速网络

"十二五"时期要加强信息通信高速网络和枢纽建设，促进资源共享和互联互通，构建城乡一体、全面覆盖的现代化信息基础设施网络，推动首都全面迈进信息高速时代。

实现高速信息网络覆盖城乡。加快实施信息基础设施提升工程，构建有线网络公平接入、无线网络普遍覆盖、带宽服务满足需求的信息网络。推进信息通信管线集约化建设，实现 100 兆光纤到楼入户，1G 宽带服务覆盖社区。推动 10 兆无线网络覆盖全

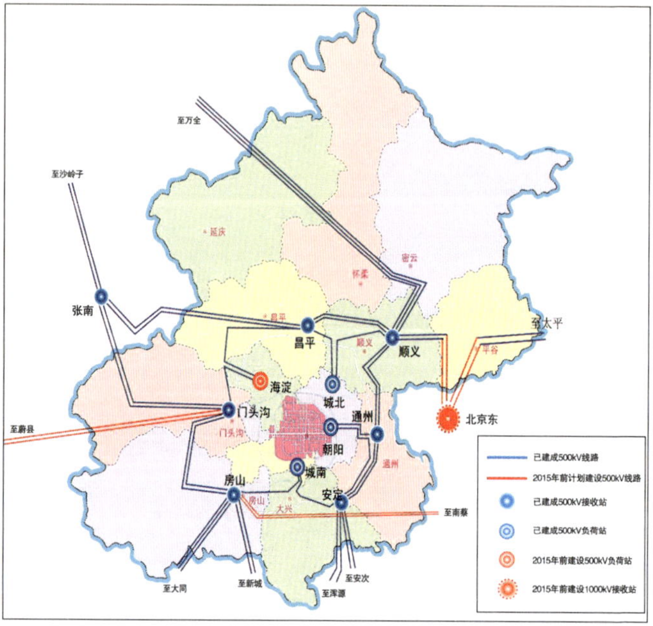

图 8　2015 年北京市电网及送电通道示意图

部平原城乡和大部分山区，使用户能够方便快捷访问互联网。推进“三网融合”试点，促进移动多媒体、互联网电视等融合发展，实现交互式高清电视传输覆盖全市 70% 以上家庭。完善 800 兆数字集群通信网，保证政务通信需要。

打造信息通信枢纽城市。建设面向公众和产业服务的城市基础空间地理信息服务平台，推进数据交换中心、数据中心和信息处理中心建设。利用云服务等技术推进信息资源的开发和共享，让社会公众享受到更方便快捷、更多样化的信息服务。提升政务网络信息化水平，推进跨部门、跨区县信息采集、交换、管理和应用。

创建信息安全可信城市。建设一流的安全测评、容灾备份、电子认证等城市信息安全基础设施。提高信息安全保障水平，重点加强公共网络、政务网络和无线电的信息安全建设。强化对信息网络、信息产品和网上交易行为的监管。

完善现代化邮政服务网络。整合邮政设施资源，优化网络结构，着力打造布局合理、分类设置、功能完善、城乡覆盖的现代化邮政设施网络，服务能力与水平达到国内领先、国际先进，为市民提供便利。

第三章　构建精细智能的城市管理

作为特大型城市，北京城市运行管理面临着越来越多的挑战。“十二五”时期，要坚持统筹协调经济社会发展与城市规划、建设、运行、管理、服务，更加注重常态与应急结合、城区与郊区并重、地上与地下统筹，更加注重从细节入手，提升便利程度，依靠科学的管理理念、管理方式和管理手段，促进城市管理的精细化、智能化，建设智慧城市，把北京建设成运行安全、环境整洁、生活便利的宜居城市。

一、保障城市安全协调运行

推广奥运城市运行保障经验，以保障城市生命线运行安全为核心，把城市生活必需品运行和能源运行两条生命线作为城市运行管理的战略重点，建立健全城市运行管理机制，提高应急处置能力，构建安全运行、有序高效的城市运行保障体系。

保障城市能源运行安全。完善全市统筹协调、部门分工负责、区县属地管理、运行企业主责的管理机制。保障能源资源总量平衡和安全供应,加强需求侧管理,促进能源与经济运行、城市运转协调发展。

确保生活必需品市场稳定。高度重视生活必需品保障,重点要稳定和提高菜地保有量,全面提高蔬菜等鲜活农产品的本地供应和反季节生产能力;鼓励本市生产经营企业在周边地区和优势产区建设跨区域的农产品生产和供应基地,增强对市场的保障能力。适应特大型城市发展的需求,加快推进农副产品流通领域的现代化。加强大型批发市场规划、布局和建设,改造升级现有大型农副产品批发市场,提高批发市场资源掌控和配置能力。加强社区菜站、农贸市场及超市建设,推进农超对接,进一步完善社区农产品销售网络,畅通农产品市场流通渠道,方便市民生活。积极发展冷链物流。加强农产品质量安全保障体系建设。完善生活必需品的储备和应急投放制度,根据城市人口和消费结构变化,及时调整储备规模和品种,增强应对市场波动能力。

消除城市运行安全隐患。推进地下管网消隐改造,加快实施老旧热力、电力、燃气和供排水管线等消隐工程,完成6800公里老旧管线更新改造任务。加强建成区地下管线互联互通,加快配网和支线建设,消除地下管线覆盖盲区和断点。强化施工管理,减少外力破坏管线。在新城和新兴产业园区等功能区试点建设地下综合管廊。

营造整洁优美的市容环境。推进标志性区域市容景观和城市建筑物色彩规划设计,强化公共服务设施标准化和规范化管理,规划建设一批与街景相协调的国际化指路标志、导游图、候车亭、座椅、垃圾箱、公厕等道路公共设施。规范户外广告管理和夜景照明建设。推广无电线杆化,完成五环路以内、重点地区和新城中心区电力架空线入地。加强重点地区、环境薄弱地区的环境建设与整治，提高城乡环境卫生质量和精细化管理水平。

二、提高城市抗灾应急能力

按照“平灾结合、以防为主、快速反应、措施有效”的原则，完善体制机制，建设具有强大危机应对能力的城市。

健全城市应急管理机制。健全完善“统一指挥、快速响应、综合协调、分级负责、属地管理为主”的城市应急管理机制。适应特大型城市高层建筑多、人口密度大等特点，立足于长效机制建设，细化完善各类应急预案，全面加强消防、防洪、防震等设施能力和救援队伍建设。探索建立城市低空应急救援系统，提升应急处置能力。完善地质、地震、气象等自然灾害的监测和预警体系，提高灾害综合预警预报水平。加强市民风险防范和自救互救教育，充分发挥市民、社会力量在应急管理中的重要作用。加强国防动员建设。

保障能源应急安全可靠。统筹规划建设全市煤炭储备基地，完善政府与企业相结合的多级煤炭储备。积极推动华北地区管网及储气设施建设，满足高峰用气需求。提高城市骨干电网、重要电源联络线以及重要用户线路建设标准和抗灾等级，应对冰雪、暴雨、大风等极端气候事件。

强化城市排水应急能力。加快建设和完善城乡结合部等地区雨水排除设施，改造城区雨水旧沟和雨污合流管道，解决排水不畅和结构安全隐患。提升中心城环路雨水泵站抽升能力，快速处理立交桥区积滞水。夯实城市防洪体系，全面完成中心城区防洪排水河道治理。建立覆盖中心城的应急抢修基点网络，提高处置速度。

三、推进智能感知精细管理

运用现代信息技术，创新城市运行管理模式，推进城市精细化管理，实现城市运行智能感知，让市民享受城市信息化建设成果。

实现地下管线信息化管理。依托市级市政管线综合管理信息系统，汇集权属企业管线基础数据，打造“1 + S + N”的市政管线信息监控管理体系，为应急管理、行业监管、企业管理提供综合信息服务。高标准建设天然气、热力全网数字化监控和运行调度系统，搭建城市电网智能运行监控平台，建立供排水管网信息化监控体系，实现市政管线运行维护和调度智能化。

专栏 6："1+S+N"

是指北京市市政管线基础数据信息化管理模式。

"1"是指一个市级市政管线综合管理信息系统；

"S"是指 S 个市政管线有关政府部门；

"N"是指 N 个市政管线权属单位。

"1+S+N"是指建立 1 个市级市政管线综合管理信息系统，汇集"N"个市政管线权属单位的市政管线有关基础和业务数据，提供浏览、查询、统计等功能。

推动物联网应用实践。加快制定物联网应用标准和规范，促进应用数据和支撑平台建设，推进物联网在公共安全、城市交通、生态环境、资源管理等服务领域的应用，提高现场感知、动态监控、智能判断和快捷反应能力。发挥物联网信息技术在食品安全追溯、药品监管、生产监管、环境监测等方面的支撑功能，打造“安心工程”。

深化城市管理网格化。推进网格化管理应用范围扩展到郊区县,应用领域扩展到生产、消防、食品卫生、房屋管理、社会管理等领域,促进跨区域、跨部门信息共享与协作。推进城市运行监测平台和网格化管理平台相结合,完善城市综合运行监测管理。

提供智能民生服务。以社保卡、市政交通卡为基础,打造“市民卡”,逐步实现养老、医疗卫生、社会福利、社区服务等领域一卡多用。推广应用“数字北京”缴费服务平台,整合各种支付方式,方便市民缴费。利用远程传输技术和物联网技术,逐步实现计量设施的自动化和智能化,让市民不再抄表缴费。

第六篇　绿色塑造未来

绿色发展已经成为资源环境约束的客观要求和时代潮流。绿色既是一种生产方式，又是一种生活方式，要求我们节制型生存、节约型生产和节俭型生活，更好地面对未来。“十二五”时期要全面实施“绿色北京”战略，把资源节约型和环境友好型社会建设作为转变经济发展方式的重要着力点，持续推进大气治理，加强绿化建设和生态修复，加快形成绿色生产体系、绿色消费体系，大幅提高首都生态文明水平和可持续发展能力，把北京建设成为既服务于当代市民，又服务于子孙后代的宜居家园。

第一章　营造清新城市环境

与所有大城市一样，北京在每天创造大量财富的同时，也不断面对着排放增加的困扰和挑战。我们已经做出了许多努力，并取得了明显成效。“十二五”时期，要继续采取坚决有力的措施，推进污染减排和治理，加强生态环境建设，努力为市民营造清新的都市环境，使北京的环境质量再上新台阶。

一、让空气更清洁

改善大气环境质量一直是社会关注的焦点，也是政府工作的重点。近年先后实施了16个阶段的大气污染控制措施，空气质量得到显著改善。“十二五”期间，全面实施《北京市清洁空气行动计划》，使环境空气质量进一步得到改善。

控制生产型污染。进一步优化能源结构，大幅增加天然气等清洁能源利用，减少煤炭使用，严格控制煤烟型污染。控制餐饮油烟等低矮面源污染。加大资源消耗型、污染型企业淘汰力度，坚决退出中小型水泥、建材、玻璃、化工等高排放企业。建立氮氧化物排放总量控制制度，推广低氮燃烧技术，水泥窑全部进行脱硝治理。完善挥发性有机物产品准入标准和监控体系，有效治理化工、涂料、家具制造、包装印刷等行业挥发性有机物污染。

治理机动车污染。实施国家第五阶段机动车污染物排放标准。加速淘汰老旧机动车。鼓励使用节能环保型汽车，在公交、环卫、出租等公共服务领域推广使用新能源汽车，支持物流企业建立“绿色车队”。

防治扬尘污染。制定并实施施工扬尘污染防治排放标准，加大施工工地和城市道路扬尘控制力度。建立道路遗撒监控系统，采取扫、洗和收集一体化的道路保洁措施。继续开展裸露农田治理，杜绝秸秆、草木露天焚烧。

推进区域大气污染联防联控。协调推动区域产业结构调整，对重大建设项目实行环境影响评价区域会商机制，减少污染区域内转移。推动制定区域大气污染联防联控规划，协商建立统一的区域大气环境保护标准。建立区域空气质量监测网络，共享监测信息。开展区域大气环境联合执法检查，集中整治违法排污企业。

二、实现垃圾全处理

垃圾总量过快增长、处理能力不足，新建处理设施规划难、选址难、建设难，已经成为困扰城市发展的突出难题。解决这个难题，需要政府和全社会的共同努力。“十二五”时期，是解决城市垃圾处理问题的关键时期，要按照源头减量、资源化利用与末端治理并举的原则，加强城市垃圾管理相关法规建设，切实构建起垃圾分类收集、再生利用、无害化处理的全过程管理体系，着力加快处理设施建设，确保垃圾基本实现安全无害化处理。

促进垃圾源头减量。倡导“厉行节约、减少废弃”的消费模式，鼓励减少一次性用品使用和产品过度包装，深化落实“限塑”措施，实行“净菜进城”。建立生产者责任延伸制度，推进工业企业产品和包装物强制回收。鼓励可再生资源回收利用，建立以社区为单位的便民回收站点和捐助平台，规范小型旧货市场，让每个家庭的旧衣旧物等可回收物品得到再利用。发挥价格杠杆调控作用，逐步提高非居民生活垃圾处理收费标准，完善居民生活垃圾处理收费制度。实行区域生活垃圾总量控制，实施“增量加价，减量奖励”的垃圾处理调控政策，努力促进生活垃圾增长率逐年降低，到 2015 年基本实现零增长。

对垃圾进行分类管理。建立生活垃圾分类体系，完善生活垃圾分类标准，加强源头分类投放，配套分类收运设施，提高垃圾分类专业化水平，实现分类收集、分类运输、分类处理的全过程衔接。2015 年生活垃圾资源化率达到 55%。对建筑垃圾、电子废物、医疗废物、危险废物、城市污泥等实行分类管理。

提高垃圾资源化水平。大力支持废纸、废塑料、废玻璃、废金属、废橡胶等资源再生利用和零部件再制造产业发展。加强电器电子废物规范处置。规范完善建筑垃圾收运监管机制，建立施工现场原位处理与资源化处置基地相结合的处理体系。加强资源再生产业区域合作，构建跨区域再生资源产业链。

加快垃圾处理设施建设。落实垃圾处理区县政府属地责任，完善市场化的区县合作机制，形成责任、权利和利益明确的垃圾收集处理管理体制。超前研究、严格落实垃圾处理设施建设规划，充分利用世界最先进技术，加大政府投入力度，鼓励社会资本进入，集中建设27处生活垃圾综合处理设施，2015年全市生活垃圾处理能力达到3万吨/日，满足全市生活垃圾处理需要。改变原生垃圾填埋的传统处理方式，大幅提高垃圾焚烧和生化处理比例，垃圾焚烧、生化处理和填埋比例达到4:3:3。实现餐厨垃圾单独收集，原则上各区县负责就地消纳。实现医疗垃圾全部消纳处理，处理能力达到80吨/日。

三、全面治理水污染

按照流域整体治理、区域全面考核的思路，加强水污染源头防治，加快污水管网和处理设施建设，进一步提高污水处理能力，实现全部污水无害化处理。

加强污染源头控制。建立区县水系水质跨界断面考核标准，落实区县属地责任。建设工业污水排放在线监控系统，关停不能达标排放的污染企业。禁止生产和销售含磷洗涤用品。建设畜禽养殖粪污综合利用和无害化处理设施，调整搬迁饮用水源保护区内规模养殖场。减少种植业化肥用量，控制农业面源污染。

提升污水处理水平。完善中心城区污水收集管网，实现城市生活污水全收集。高标准建设郑王坟、回龙观等污水处理设施，中心城污水处理率达到98%。全面完成新城和乡镇污水处理设施建设，新城和重点镇污水处理率达到90%。因地制宜建设农村生活污水处理设施。加快污泥处置设施建设，实现污泥全部无害化处理。

四、防治其他污染

有效控制交通噪声污染。加强建筑施工噪声监管，加强控制工业、娱乐业、商业噪声及室内装修活动噪声污染，营造更宁静城市空间。加强放射性同位素与射线装置安全管理。加强城市放射性废物库运行管理，对重点放射源实施全面监督与监测。

第二章　重现秀美自然山川

北京依山襟海，在国内外大城市中具有独特的自然环境条件。“十二五”时期要进一步统筹山区与平原的生态环境建设和功能挖掘，注重扩大城市森林和绿地面积，提高山区森林质量，全面改善城市河湖水环境，提升水景观和生态休闲功能，进一步提高城市生态服务价值，在美化自身生活的同时，给子孙留下更多财富。

一、让森林走进城市

拓展城市绿化空间，大幅增加绿地面积，提高乔木比例，实现树种多样化，提升城市生态景观，缓解热岛效应。

建设大尺度城市森林绿地。建成 11 座新城滨河森林公园、南海子郊野公园、南中轴森林公园和园博园。建设国家植物园，扩大北京植物园规模，提升科技与养护水平。新增集中连片的城市森林绿地 15 万亩。加强绿隔地区发展政策的跟踪研究、推进和落实。基本完成第一道绿隔，全面建成第一道绿隔郊野公园环。实施第二道绿隔提质增效工程，在条件具备区域建设郊野公园和森林公园。全面提高绿隔地区管护水平，巩固绿化成果。

千方百计增加中心城绿地。推进城市立体绿化，大力实施公共建筑屋顶绿化、建筑墙体垂直绿化、立交桥和停车场绿化，提升城市绿色景观。实施拆违增绿和见缝插绿，完成2000公顷代征绿地绿化任务，推进老旧居住区和胡同街巷的绿化建设，满足市民就近生态休闲需求。2015年，中心城80%居住区出行500米即可到达公共绿地。

二、让绿色遍布乡村

形成连接城乡、覆盖平原的绿色生态网络。大力推进10条沟通市区与郊区的楔形绿地建设。实现大中河道、主干交通线、铁路线两侧全部绿化，高标准建设林水相依、林路相嵌的景观绿化带。改造提升农田林网和村镇片林20万亩，完善平原防护林网，提高平原地区防风固沙能力。

提高山区森林质量，增加森林蓄积量。完成房山、门头沟等7个山区县剩余40万亩宜林荒山绿化，稳步推进岩石裸露地区植被恢复，完成5.5万亩已关停废弃矿山生态修复。完成150万亩低质生态公益林升级改造和300万亩中幼林抚育。

提高科学育林水平。积极培育、引进适合本地气候条件的树种，实现树种多样化，努力提高常绿和彩色树种比重，提升景观功能，注重树木的长期培育和生长，增加森林生态效益和碳汇功能。

三、让河流风貌再现

古都北京依水建城，因水发展，历史上河湖纵横、清泉四溢。随着水资源日益紧缺，河湖水系风貌优美渐失。“十二五”时期，要统筹河道治理、水源保障和污染防治，按照生态治理理念，建设河网湿地、河道绿带交相辉映的水景观，逐步恢复河道生态景观风貌，打造休闲滨水空间。

恢复河湖水系风貌。利用再生水，改善重点河湖水系断流干涸、水质不达标的状况，因地制宜重建河流生态景观。建设西部永定河绿色生态走廊，实现湖泊溪流相连自然景观。实施跨流域调水，补充潮白河生态水源，再现湖泊水面和芦苇丛生的优美环境。完成北运河流域水系治理，实现水质还清，重现古老漕运河道水景。加快推进温榆河治理。突出保护与休闲并重，扩大汉石桥和翠湖湿地公园规模，改造提升野鸭湖湿地，扩展城市湿地系统。

营造绿色滨水空间。在夯实河道防洪功能的基础上，按照“宜弯则弯、宜宽则宽、宜岛则岛、宜滩则滩”的原则，生态治理城市河湖水系，合理规划河岸土地空间，解放滨水资源，建设观水、亲水、近水的休闲滨水空间，沿通惠河、凉水河、亮马河、坝河、清河等中心城河湖水系打造 10 大滨水绿线，形成“水秀而可近，岸绿且可亲”的绿色滨水景观。挖掘古都历史水文化，重现长河观柳、卢沟晓月等特色历史水景。

第三章　共建宜居绿色家园

建设绿色宜居家园，需要政府、企业、市民共同肩负起责任，全社会协调行动。未来五年，要发挥政府示范作用，带动企业和市民各方力量，推行绿色低碳的生产生活方式和消费模式，积极应对气候变化，形成自觉自律、尊重生态环境的社会风尚，让我们的家园回归绿色。

一、深入推进节能降耗

能源节约利用水平体现了城市的文明程度和发展质量。面对资源环境约束强化、应对气候变化的新要求，需要我们下更大力气推进节能降耗。“十二五”时期，要更加注重制度建设，以建筑节能和管理节能为重点，依靠科技进步、标准带动、价格和利益机制引导，加快向“内涵促降”转变，下更大的力气把节能降耗提升到一个更高水平。

大幅度提高建筑节能水平。抓住城市化加快发展、建筑规模较大的关键时期，着眼于长远，大力推广绿色建筑，突出抓好建筑标准制定、新材料和新技术应用以及结构、设计等关键环节，大幅度提高建筑节能水平。提高建筑节能标准，新建居住建筑实施75%节能设计标准。推进建筑门窗、供热系统等为重点的节能改造，改造完成既有建筑6000万平方米。新建建筑全部实行供热计量收费，50%以上节能设计标准的既有民用建筑和全部公共建筑基本完成供热计量改造，并实行按用热量收费。积极推行能效标识制度，推广能效二级以上家用电器。推广高效照明产品，基本淘汰白炽灯。

深度推进工业节能降耗。强化产业退出标准和产品设备淘汰目录约束作用。强化企业节能管理，鼓励企业建立健全全流程绿色管理体系，深入实施清洁生产。加快实施节能改造，系统提升工业能源利用效率。

全面推进公共机构节能降耗。实行公共机构定额用能管理制度，实施办公建筑节能、公务车节油、空调和数据中心节电等关键环节节能措施。完成2000家公共机构节能改造，政府机构率先全部完成。

着力提高节能降耗管理水平。强化目标责任考核，增加对重点行业进行节能减排目标责任分解。健全能源统计计量体系，建成市、区、重点用能单位三级节能监测管理综合平台。实施能评全过程管理机制。推广合同能源管理机制。继续完善节能减排鼓励政策，大力推进节能减排新技术新产品应用。推进重大用能企业技术改造。继续发布节能节水减排技术（产品）推荐目录，推进热计量改革，全面实施阶梯电价。

二、倡导绿色生产生活

推广绿色政务，培育绿色商务环境，鼓励市民绿色消费，在全社会推进节约环保行动，逐步创建产品供给、市场流通、消费行为全过程的绿色低碳方式。

践行绿色办公。建立政府机构能耗水耗统计体系，加强定额考核管理。研究出台本市政府绿色采购实施细则，优先采购自主创新的节能环保产品和设备，以及可再生、可循环利用、通过环境标志认证的产品。大力发展电子政务，降低行政物耗。

引领绿色商务。鼓励企业在产品宣传、营销模式推广、售后服务融入绿色理念。鼓励发展网上交易、虚拟购物中心等新兴服务业态。引导发展第三方物流，实施一批共同配送示范项目。支持企业开展环境标志认证和绿色产品认证。鼓励酒店、餐饮企业等减少使用一次性餐具和日用品。

鼓励市民绿色消费。颁布北京市生态文明公约，编制市民绿色消费手册。提高大众节能环保意识，把节能、节水、节材、资源回收利用逐步变成市民的自觉行动。引导选购绿色建材、绿色家具等生活消费产品。鼓励绿色出行和简约生活，反对生活浪费。全面推进党政机关、学校、大型商场、宾馆饭店等机构或场所生活垃圾“零废弃”管理试点。

三、积极应对气候变化

减缓温室气体排放。提高低碳能源在一次能源消费结构中比重，大力推进低碳技术研发、应用和相关服务业发展，有效降低重点领域碳排放。因地制宜开展低碳试点建设。积极开展国际间低碳技术交流与项目合作。

主动适应气候变化。建立健全气象灾害预警系统，制定重点领域、重要地区和敏感单位抗御气象灾害的应急预案，建立多部门参与的应对气候变化的信息共享、会商联动和决策协调机制。鼓励企事业单位、市民通过认养植树、购买碳汇等多种方式，主动承担更多的碳减排义务。

第七篇　改革激发活力

进入新阶段，改革面临着更加复杂的形势和任务。“十二五”时期，要围绕加快转变经济发展方式，着眼重点领域和关键环节，大力推进制度和机制创新，不断完善社会主义市场经济体制，加快构建有利于科学发展的体制机制。

第一章　创新政府服务管理

适应经济社会发展新变化、新要求和特大城市运行管理特点，继续深入转变政府职能，加强服务管理创新，提高行政效能和服务水平，更好地履行政府职责，建设现代服务型政府和法治政府。

一、深化行政管理体制改革

加快政府职能转变，强化社会管理和公共服务职责，提高经济调节和市场监管水平。进一步优化政府组织结构，规范机构设置，明确和强化责任，积极探索完善职能有机统一的大部门体制，完善行政运行机制，提高行政效能。推动城市管理重心下移，扩大区县政府和乡镇政府的管理权限。进一步理顺重点产业功能区和所在行政区的关系。

深化行政审批制度改革。进一步精简审批事项,下放审批权限,优化审批流程,规范审批行为,提高审批效率,加快建立市级行政服务中心,为社会提供方便快捷的行政服务。通过政府确定服务标准、购买服务等方式,创新政府公共服务供给机制,提高服务效率。

完善科学民主决策机制。建立健全重大行政决策听取意见、听证、合法性审查、集体决定、实施情况后评价等制度,建立行政决策责任追究制度。建立促进科学发展的政府绩效评估指标体系和评估机制,全面推行政府绩效管理。加强行政问责制,健全责任追究制度,提高政府执行力和公信力。严格依法行政。加强对行政权力运用的监督和制约。深入反腐倡廉,加强国家公务人员作风建设,强化责任意识、廉政意识和创新意识。

二、建设规范透明公共财政

按照财力与事权相一致的原则,进一步理顺市和区县政府间财政关系,完善转移支付制度,健全区县财政支出激励和约束机制,促进区域协调发展。完善由公共财政预算、政府性基金预算、国有资本经营预算和社会保险基金预算组成的有机衔接的政府预算体系,实行全口径预算管理。建立预算编制、执行、监督相对分离、相互制衡的机制,完善部门预算、国库集中收付、政府采购、绩效考评等管理制度,提高预算编制的科学性。强化支出约束和预算执行监督审计,完善预算公开制度和预算执行审计结果公告机制,提高预算管理规范性,增强预算透明度。健全政府债务预警机制,强化政府债务管理,防范和化解财政风险。

三、推进投资融资体制改革

制定本市政府投资条例,合理界定政府投资范围,进一步规范政府投资行为。健全政府投资决策机制和项目法人约束机制，完善政府投资项目公示制度、投资信息发布制度和投资监管体系。完善社会投资项目管理制度，修订核准目录，缩减核准范围，规范备案管理，进一步落实企业投资自主权。规范市、区县两级融资平台，加强债务管理，增强融资和风险控制能力。分类推进基础设施、产业、社会事业领域投融资改革。积极推动融资方式创新，扩大直接融资规模，有效利用存量资产拓展融资渠道。

四、分类推进事业单位改革

研究制定本市事业单位改革的实施意见，积极稳妥地推进事业单位分类改革。对主要承担行政职能的事业单位，逐步转为行政机构或将行政职能划归行政机构，对主要从事生产经营活动的事业单位将其转为企业，“十二五”期末要基本完成这两类事业单位的改革。对主要从事公益服务的事业单位，强化公益属性，整合资源，完善法人治理结构，加强政府监管。在人事管理、收入分配、社会保障、绩效激励和法人治理结构等改革方面取得明显进展。

第二章　增强市场主体活力

坚持和完善基本经济制度，努力营造多种所有制经济依法平等使用生产要素、公平参与市场竞争、同等受到法律保护的体制环境，进一步激发增强市场主体活力。

一、加快非公有制经济发展

营造更有利于非公经济发展的环境。积极支持民间资本进入基础设施、市政公用事业、金融服务、社会事业、保障性住房建设、文化、旅游、现代物流等领域，拓宽民营企业的投资渠道。鼓励和引导民营企业通过多种形式参与国有企业改制重组。

促进中小企业加快发展。全面改善中小企业发展环境。积极发展为中小企业服务的金融和非金融机构，支持中小企业利用集合债券和集合票据等融资工具，完善多层次、多元化的中小企业贷款担保服务体系，增强中小企业融资能力。大力支持有条件的中小企业上市发展。

二、推进国有经济战略调整

积极吸引中央企业、民营企业、外资企业参与本市国有企业重组，培育和发展形成一批拥有自主知识产权和知名品牌、具有国际竞争力、资产过千亿的大型企业集团。

深化国有企业改革，通过股权有序进退、鼓励民营进入等形式，加快国有资本从一般竞争性领域退出。大力推进有条件的企业集团整体上市或核心资产上市，加快经营性国有资产证券化，推动地方国有企业成为规范发展的上市公司。适应城市快速发展的需求，利用组织结构、利益机制、价格调整等手段，加快市政公用国有企业改革，增强发展动力和活力，提高城市运行保障能力、效率和服务水平。继续完善公司法人治理结构。进一步加大国有企业高级经营管理人才市场化选聘力度，建立健全职业经理人制度。

三、完善国有资产管理体制

探索实行公益性和竞争性国有企业分类管理，建立差别化的业绩考核制度和激励约束机制。完善不同类型国有资产管理体系，加强对企业国有资产、国有金融资产、非经营性资产和资源性资产等的监管。加强对国有企业战略规划、重大投融资事项的专项监管。完善国有资本经营预算和收益分享制度，合理分配和使用国有资本收益。

第三章　完善现代市场体系

着眼于提升城市服务功能，着力培育和发展高端要素市场，完善资源产品价格形成机制，健全社会信用体系，加快完善现代市场体系。

一、加快推进要素市场建设

重点培育和发展高端要素市场，提升价格形成和交易服务功能。做大做强北京产权交易所。建立文化产权、艺术品、存量房等交易所。推进中国技术交易所、中国林业产权交易所、北京环境交易所、北京金融资产交易所，扩大市场交易规模，提升影响力和辐射力。发展债券交易和结算市场。构建煤炭、石油、天然气、钢铁、棉花等大宗商品交易平台，逐步成为重要商品价格形成中心。建立主体平等、产权清晰、竞争有序、城乡衔接的土地市场。完善城乡统一的人力资源市场。

二、推进资源环境价格改革

积极稳妥推进资源环境领域的价格改革，提高资源配置效率和利用水平，促进科学发展。对属于国家权限的电力、天然气、成品油等价格改革，结合本市实际做好实施工作。对属于本市权限的水、供热等公用事业的价格改革，加强成本约束和监管，积极研究差别化价格政策，发挥价格引导和调控作用。完善城市垃圾及医疗废物等处理收费制度，促进垃圾资源化、减量化。完善价格调整与财政补贴、低收入群体利益保障等相关政策的联动机制。

三、优化社会信用环境

加快推进社会信用体系建设，创造有利于企业信用评级和个人征信的基础条件和社会氛围。完善信用信息系统，以信贷、纳税、合同履约、产品质量等信用记录为重点，推动建设统一的信息共享平台，规范信用信息的采集、使用和管理。培育和发展社会信用服务机构，加强社会诚信教育和宣传，建立失信惩戒和守信激励机制，营造诚实守信的社会信用环境。

第四章　深化社会领域改革

社会领域改革事关首都经济社会协调发展、社会公平正义、社会和谐稳定的大局。“十二五”时期，要加快推进收入分配制度改革和医药卫生、教育体制改革，创新基本和非基本公共服务提供方式，为保障和改善民生提供有效的制度安排。

一、合理调整收入分配关系

深入落实国家收入分配制度改革的各项政策，处理好经济发展与收入分配的关系，形成合理有序的收入分配格局，努力提高居民收入在国民收入分配中的比重，提高劳动报酬在初次分配中的比重，努力实现居民收入增长和经济发展同步、劳动报酬增长和劳动生产率提高同步。按照市场机制调节、企业自主分配、平等协商确定、政府监督指导的原则，形成反映劳动力市场供求关系和企业经济效益的工资决定机制和增长机制。完善最低工资和工资指导线制度，积极稳妥扩大工资集体协商覆盖范围。逐步提高最低工资标准，促进中低收入职工收入增加。完善企业职工工资正常增长机制和支付保障机制，维护职工合法权益。完善企业退休人员基本养老金、城乡最低生活保障等社会保障待遇标准正常增长机制。创造条件，多渠道增加城乡居民收入。规范收入分配秩序。

二、深化医药卫生体制改革

完善首都医药卫生管理协调机制，优化区域医疗卫生资源配置。健全卫生投入机制、医药价格形成机制、科技创新和人才培养机制、医药卫生监管机制。完善公立医院管理体制，推进政事分开、管办分开，建立协调统一高效的公立医院管理制度和补偿机制、运行机制。探索建立公立医院法人治理结构，形成多方参与的监管机制。鼓励和引导社会资本举办医疗卫生机构，参与公立医疗卫生机构重组改制，形成投资主体多元化、投资方式多样化的办医。推进社区首诊、医师多点执业、按病种付费、医疗救助基金、商业保险参与基本医疗保险服务等改革。

三、大力推进教育体制改革

转变政府教育管理职能,创新管理方式,逐步形成政事分开、权责明确、统筹协调、规范有序的教育管理体制。深化办学体制改革,初步形成政府主导、社会参与、办学主体多元、办学形式多样、充满生机活力的办学体制。开展推进基础教育改革实验、职业教育办学模式、现代大学制度等改革试点。

第五章　推进农村体制改革

按照统筹城乡发展要求,加快农村发展体制机制创新,着重深化农村土地管理制度和集体经济产权制度改革,增强农村内生发展动力,加快城乡经济社会发展一体化步伐。

一、完善农村土地经营管理制度

加强耕地和基本农田保护与建设,遏制违法占地。加快完成农村集体土地所有权、集体建设用地使用权和宅基地使用权确权、登记和颁证,完善土地承包经营权流转市场,推进农业适度规模经营。完善农村集体经营性建设用地流转和宅基地管理机制。

二、加快集体经济产权制度改革

建立现代农村产权制度。全面完成农村集体经济产权制度改革。深化集体林权制度改革。加强对新型农村集体经济组织的内部管理和外部监管。理顺收益分配关系,建立健全激励与约束机制,确保资产增值、股东增收。创新农业经营体制,大力发展农民专业合作经济组织。

三、增强乡镇政府管理服务职能

完成全市乡镇机构改革，加强乡镇政府为农村经济发展创造环境、为农民提供公共服务、为农村社会和谐提供支撑的职能，强化乡镇政府对乡村集体经济组织的监督管理。积极推进乡镇事业站所改革，探索创新事业站所的设置方式和服务模式，提高乡镇社会管理和公共服务的能力。

四、完善农村金融和市场服务体系

创新农村金融体制机制，引导更多信贷资金和社会资金投向农村。鼓励发展村镇银行等多种形式的新型农村金融机构。建立政府扶持、多方参与、市场运作的农村信贷担保机制。扩大农业政策性保险的业务范围，建立农业再保险和巨灾风险分散机制。健全公益性农业技术推广服务体系。建立与首都多元化消费需求相适应的农产品物流体系和农产品市场信息体系。

第八篇　开放实现共赢

全球化的深入发展催生着城市形态和竞争格局的变化，以特大城市为核心的城市群在发展中扮演着日益重要的角色。这客观要求我们必须主动适应变化，以更宽阔的视角审视城市自身发展和区域发展，更加注重区域协同和整体竞争力的提升。"十二五"时期，要认真落实国家开放和区域发展总体战略，从首都功能定位出发，统筹对外开放与区域合作，着力增强辐射带动作用，在更大空间内推动城市的布局和形态完善；着力提升城市竞争力和影响力，在更高层次上参与全球经济分工；着力构筑互利共赢的开放新格局，更好地为国家战略实施和区域共同发展服务。

第一章　推动区域共同发展

未来一个时期是我国大城市群形成的关键时期，以首都为核心的城市群及其广大区域正在成为国内发展最具活力的区域之一。新的发展阶段，北京需要立足于国家首都的职能定位，在更大区域发挥功能、配置资源和拓展服务，从注重功能集聚为主向集聚、疏解与辐射并重转变，从注重单方保障为主向双向服务共赢发展转变，更积极地发挥好辐射带动作用，推动区域合作向纵深发展。"十二五"时期，要更深入广泛地开展与津冀晋蒙及环渤海地区合作，充分发挥首都优势，显著增强服务区域、服务全国的功能，共同推动区域一体化进程和首都经济圈形成，实现整体发展水平的跃升。

一、加快区域一体化发展进程

要围绕快速交通网络构建、资源环境保障、产业分工合作、区域合作机制创新等关键领域，积极推进区域资源合理配置和共同市场形成。

加快一体化交通网络建设。加快京沈、京张、京包、京唐等城际高速铁路建设，实现与津冀晋蒙等省市的快速交通联络。优先安排重要跨区域干道建设，完善区域一体化、网络化的公路干道网。加强区域机场间的分工协作、联合调度，逐步形成合理布局、运行高效的航线网络和机场群。深化与天津港、唐山港的合作，促进贸易便利化。

深化资源能源和环境领域合作。北京能源需求主要依靠外地调入，要充分利用山西、内蒙古能源优势，加强能源战略合作，积极支持首都企业到山西、内蒙古等周边地区开展能源合作，全面推进电力、煤炭、天然气、新能源和可再生能源的合作开发与清洁高效利用。针对水资源和生态环境等区域发展面对的共同挑战，增强可持续发展战略合作。继续实施《21 世纪初期首都水资源可持续利用规划》，推动水源地合作区域向更大范围扩展，支持水库上游小流域治理、环境治理建设。共同推进风沙源治理工程，继续支持周边地区生态保护林营造、森林防火基础设施建设及林木有害生物防治。协商推动建立统一的区域大气环境保护和水环境保护监测与监管体系。

推动区域产业分工与合作发展。坚持优势互补、合作共赢，着重增强首都科技服务、文化服务、金融服务、信息服务、商务服务等产业发展优势，推动一般制造业向市外转移，促进经济合理分工。鼓励区域内高端产业功能区和产业园区设立合作投资区、共建产业园。支持区域内企业共同设立产业基金、产业和技术联盟，促进区域内企业并购重组。加强区域旅游资源及旅游产品、旅游路线的共同开发，鼓励旅游企业跨地区连锁经营，统一区域旅游服务标准，树立区域旅游品牌。按照区域开发和空间布局优化需要，加快城市东南部和南部地区的开发建设，积极引导产业沿京津塘、京保石、京唐秦等发展轴向外辐射发展。

加强城市运行保障和管理对接。完善生活必需品保障合作机制，鼓励发展面向首都市场的农副产品，支持本市农贸企业在周边地区建设农副产品基地，按照“农超对接”模式，打造企业为主体、市场为纽带的区域农业产业链。加强地区间劳务合作，引导区域务工人员有序流动。加强地区间疾病防控、公共卫生和公共安全等方面联防联控和协调处置，构筑区域安全网。

创新区域合作机制。推进区域发展规划的制定，加强区域共同政策的研究与衔接。加强交通基础设施一体化的投入和管理机制、合作产业园的税收与核算机制等方面政策研究，加快区域一体化利益共创共享机制的建设。加强区域市场监管和准入标准等方面的对接。

二、辐射带动区域共同发展

扩大生产性服务业的辐射带动。着重提升首都生产性服务业的辐射服务能力，发展面向区域的金融、信息、商贸流通等服务以及技术、产权等要素市场，增强对区域生产组织和要素配置能力。

增强首都科技创新的辐射能力。推动中关村国家自主创新示范区对周边产业园区的辐射，促进科技成果到周边转化，共同打造环首都高技术产业带。鼓励在京企业、高校、科研院所与周边省市联合兴办研发机构，积极开展技术合作研究，提升区域整体创新能力。

发挥首都市场和总部经济的引领带动功能。持续扩大总部企业的影响，支持总部企业到周边建设生产基地和配套服务基地。充分利用首都市场的优势，带动区域内产业结构升级。进一步发挥首都丰富信息资源优势，促进区域内政务、商务及公共信息的有效共享，为企业寻求商机、加快要素流动、降低交易成本创造良好条件。

带动区域公共服务水平提升。充分发挥首都公共服务资源优势，积极开展区域社会事业领域交流合作，带动周边地区社会发展水平提升。积极发展联合办学、跨地区远程医疗、远程教育，积极开展文化、体育等方面的交流合作。

支持周边地区加快发展。继续支持周边欠发达地区及赤峰、乌兰察布等地区加快发展。通过技术和项目输出，扶持周边地区发展特色产业和优势产业，推动当地产业结构升级。积极支持周边地区开发人力资源，加强劳动力基地建设，鼓励职业学校开展交流与合作，帮助周边地区搞好职业技术培训。动员和引导社会力量，积极开展扶贫济困活动。

三、扩大国内经济合作与交流

进一步提升对口支援水平。积极做好对西藏拉萨、新疆和田、青海玉树、湖北巴东等地区的对口支援工作，形成科技、经济、干部、人才、教育、市场全方位对口支援格局。落实与四川什邡的合作框架协议。加大与国内各省市的交流合作力度。加强与中西部资源优势地区的合作发展。扩大与长三角、珠三角及港澳台地区的经济联系。加强与港澳台地区的经贸合作,拓展合作领域,创新合作模式,重点推进在高端服务业、文化创意产业、城市精细化管理等领域的深层次合作。办好京港洽谈会、京台洽谈会,建立京澳经贸合作机制,促进互利互惠和共同发展。

第二章　积极参与全球经济分工

适应深化对外开放和建设中国特色世界城市的战略要求,着力优化投资环境,增强服务功能,吸引高端企业总部聚集,更好地把“引进来”与“走出去”结合起来,创造竞争新优势,提升在全球市场中资源配置能力和参与产业分工能力。

一、聚集高端企业总部

积极吸引高端企业总部聚集。完善高端产业功能区商务配套环境,高水平建设总部企业聚集区。继续吸引跨国公司、世界500强企业入驻北京,增强跨国运营中心、采购中心、研发中心和结算中心功能,五年新认定跨国公司地区总部超过100家。建设“世界华商中心”和“侨资企业总部集聚区”,吸引全球华侨华人高端企业入驻。积极引进国内大企业、大集团来京设立总部和职能机构,依托高端企业增强国际竞争力。

为在京企业全球化战略服务。将在京企业的全球化战略作为首都国际化战略的组成部分,积极支持企业跨国布局和发展,维护企业海外正当权益,更好地服务于企业提升国际竞争力。

二、建设国际商贸中心

增强国际商贸服务功能。推进商贸流通服务的规范化、现代化、特色化和国际化，巩固和提升本市作为国家国际贸易重要枢纽的地位。积极吸引国际商贸企业，集聚跨国贸易主体，积极培育本土和引进民营大型商贸企业，显著提升商贸资源配置能力。大力发展电子商务，规划建设专业集聚区，鼓励有实力的企业开展国际化经营。引导特色产品和服务聚集，培育提升王府井、前门、西单等一批具有北京特色、享誉国内外的知名商业街区。

提升国际贸易分工地位。大力发展高端商品贸易和服务贸易。大力支持具有自主知识产权和自主品牌的产品出口，到2015年，使“双自主”产品出口占全市出口比重达到10%以上。大力发展高端服务贸易，搭建国际服务贸易促进平台，加快新兴服务贸易发展，以服务外包示范园区为载体，积极承接国际服务业转移，营造国际一流的服务贸易产业环境。

建设国际一流的口岸体系。打造国际枢纽空港口岸，加快完善和提升天竺综合保税区功能，推进北京西站铁路口岸和平谷国际陆港口岸建设。引进跨国公司设立国际分拨中心，发展离岸贸易。建设电子口岸，营造高效通关环境。

三、拓展利用外资和境外投资

转变利用外资方式。积极吸引能够带来高端要素和产业价值链高端环节的外资，从引进资金、引进产能向更加注重引进先进技术、管理、人才、经营模式和优秀团队转变，实现“引资”与“引智”的有机结合。鼓励和引导外资投向高技术产业、现代服务业以及新能源、生物医药、新材料等战略性新兴产业。大力引进产业关联度大、技术含量高、辐射带动能力强的高端项目,促进产业链引资,扩大产业集群效应。合理有效利用国外优惠贷款,引进国际先进经验,充分利用国际智力资源。

支持企业境外投资。加快实施“走出去”战略,鼓励和引导企业从单纯产品输出向资本输出、技术输出、标准输出和品牌营销并重转变。支持具有国际竞争力的企业通过跨国上市、并购、投资等方式“走出去”,参与国际市场分工,培育具有国际影响力的本土跨国企业。鼓励和支持企业对外工程承包,扩大业务范围。积极培育熟悉国际市场的会计、法律、咨询等中介机构和行业组织,为企业“走出去”提供专业服务。加大对境外投资的金融支持力度,建立企业境外投资风险预警管理和领事保护机制。

第三章　提升城市国际影响力

致力于营造国际一流的服务环境和条件,进一步强化首都国际交往中心功能,不断扩大国际交流与合作,大力开展公共外交,在服务中提升城市的国际地位和国际影响。

一、增强国际交往服务能力

服务国家外交全局。全面提升服务于国际交往的软硬件水平,精心服务好在京举行的重要外交、外事活动。高标准服务好中非合作论坛等重要国际活动。完善现有使馆区及相关区域服务设施,为外国驻华使领馆、国际组织驻华代表机构、外国驻京新闻媒体等国际机构与组织提供优质服务。高质量完成雁栖湖生态发展示范区建设,基本建成青龙湖国际文化会都。

吸引国际组织聚集。适时规划建设国际组织机构集聚区。积极争取中央政策支持,吸引联合国及其专门机构在京设立办事处,有针对性地吸引国际经济、金融组织等经济类国际组织入驻北京,鼓励科技、文化、体育等专业类国际组织在京设立分支机构,使北京成为国际组织的重要集聚地。

承办重大国际会议。将举办国际会议作为增强城市国际影响力和提高国际知名度的重要渠道。积极申办联合国及附属机构、专门机构和其它重要国际组织的年度大会,争取重大国际会议在京举办。积极筹办有国际影响力的经济、科技、文化等高端论坛。

二、打造高水准国际交流平台

承办和培育重大国际体育赛事和文化活动。延伸奥运效应,积极吸引国际大型体育赛事来京举行。扩大中国国际网球公开赛、北京国际马拉松赛、北京国际斯诺克赛等赛事的国际影响力,推进北京国际体育中心城市建设。进一步办好大学生电影节、国际旅游节等文化交流活动。培育和打造有国际影响力的影视、时装等时尚文化品牌活动。

举办具有国际影响力的重大展览活动。加强与国际展览局、国际展览业联盟的协作,大力吸引国内外会议展览组织和会展落户北京。启动新国展二期工程建设,规划建设具有国际水准的大型综合会展设施。举办国际园林博览会、世界草莓大会、世界葡萄大会、国际种子联合会年会等农业领域大型国际会议,提升科博会、文博会、节能环保展、国际汽车展、国际机床展和服装服饰博览会等会展的国际影响,增强国际采购交易功能。

三、扩展城市间的国际合作

将发展友好城市作为北京走向世界的重要途径。深化国际友城交往。制定友好城市发展战略,不断扩大友好城市的范围,扩展合作领域。完善高层互访和对话机制,推进城市间经济、科技、文化、教育、体育、环境、城市管理等全方位交流合作。广泛开展文化周、城市发展论坛、工商业洽谈会等活动。加强人员交流与民间交往,开展多种形式的公共外交活动,夯实对外友好的民意基础。拓展与友城所在国家和地区的交流合作。积极开展与世界各国首都城市的交往交流。

四、营造国际化的服务环境

加强城市软环境建设,为广大国际人士提供便利的工作和生活环境。积极争取签证便利化政策,为来京参加重要国际赛事和国际会议人员提供出入境便利。建立在京外籍人员管理服务综合信息平台,设立外国人信息服务中心,为外籍人员在京工作生活提供一站式服务。改善国际信用卡支付环境。实施城市外语环境提升工程,开设外语广播和电视频道,设立多语种电话志愿者服务热线,规范城市交通道路、旅游景区的多语种标识。积极发展国际教育和国际医疗服务。

第九篇　未来五年的行动路径

实现未来五年的发展目标，需要不断完善规划实施机制，充分发挥市场在资源配置中的基础性作用，进一步提高政府的统筹调控能力，动员和引导全社会力量共同推进规划落实。

第一章　充实完善调控机制

要紧紧围绕“十二五”规划确定的发展目标和任务，科学合理地配置公共资源，有效调控引导社会资源，切实增强经济调节的适应性、针对性、灵活性，进一步改进市场监管、公共服务和社会管理，保障规划目标的如期实现和各项任务圆满完成。

一、加强财政资金保障

编制实施好年度财政预算，为规划实施和目标任务完成提供有力的财政资金保障。加强税收征收管理，增强财政保障和支付能力。完善公共财政体制，加强存量整合，优化增量安排，健全财政支出优先满足社会公共需求的保障机制，重点加大对义务教育、公共卫生和基本医疗、社会保障和福利、公共文化服务、公共安全、生态环境等领域的财政投入。合理安排基本建设预算，保障城市建设和发展需要。强化对财政资金使用的审计监督，坚持厉行勤俭节约，严格控制行政成本。

二、健全综合发展政策

围绕发展的重点领域，密切联系发展实际和宏观环境变化，加强政策储备、研究制定和协调落实，为各项发展目标实现提供有力支撑。重点围绕促进高端产业功能区和战略性新兴产业发展、推进基本公共服务均等化、改善收入分配关系、提高民生保障水平、加快薄弱地区发展、促进城乡一体化、加强人口调控管理、推进资源节约与环境保护、促进文化软实力提升等重点领域和关键环节，搞好政策法规制定和实施，给市场主体以正确导向与合理预期。

三、强化战略资源管理

切实加强人才、土地、能源、重要商品物资等战略资源管理，为实现经济持续平稳发展、城市安全运行、社会和谐稳定奠定基础。

高度重视人才管理。坚持党管人才，统筹推进党政、企业经营管理、专业技术、高级技能、农村实用、社会工作等各类人才队伍建设和管理，为首都发展提供人才支撑和保障。

科学调控土地供应。坚持控制总量、优化增量、调整存量，加强土地资源管理，提高土地集约利用水平，到2015年全市建设用地总量要控制在3650平方公里以内。不断优化土地供应结构，优先保证保障性住房、重点功能区开发、公共服务改善、重大基础设施和高端产业项目建设等方面的土地需求。

完善能源和重要商品管理。注重需求侧管理和供给保障能力建设，按照实物储备与生产能力储备并重，政府储备与商业储备并举的原则，进一步完善储备制度，增强煤炭、成品油、天然气等能源和生活必需品、救灾物品等重要物资的储备，提高国民经济动员和应急组织调控能力。

四、实施重大项目带动

坚持以规划确定项目、以项目落实规划，着眼于集中力量分阶段解决一批重大问题，在经济结构调整、空间布局优化、资源承载能力提升、生态文明发展、和谐社会建设、文化软实力提升等方面，组织实施好一批关系全局和长远发展的重大项目，通过重大项目实施促进规划落实。健全项目实施机制，深化前期研究论证，规范手续办理，提高审批效率，加强协调调度，切实做到规划一批、储备一批、实施一批。

第二章　加强规划实施管理

本规划纲要经市人民代表大会批准后，由市人民政府组织实施。要按照统筹协调、分工负责原则，加强规划实施管理，举全市之力，共同努力实现未来五年的发展蓝图。

一、分解落实规划目标任务

本规划提出的预期性目标和产业发展、结构调整等任务的完成，主要依靠发挥市场机制的作用实现。各级政府要通过改进经济调节、加强市场监管、健全利益导向机制和创造良好发展环境，引导市场主体行为与城市发展战略意图相一致。

本规划确定的约束性指标和公共服务、社会管理等领域的任务，要纳入各区县、各部门经济社会发展综合评价和绩效考核体系。约束性指标要分解落实到区县和有关部门。

市政府有关部门要组织编制市级专项规划，细化本规划提出的主要任务，形成落实本规划的重要支撑和抓手。各区县要切实贯彻落实国家和本市的战略意图，结合自身实际，突出区域特色，编制实施好区县发展规划，并做好与本规划的协调衔接，特别是加强约束性指标和重大任务的衔接，确保落到实处。

二、分阶段有步骤实施规划

加强年度计划制订实施。年度计划要依据本规划的总体安排部署，逐年落实规划提出的发展目标和重点任务，对约束性指标设置年度目标。年度计划报告要分析本规划实施进展情况，特别是约束性指标的完成情况。

完善监测评估制度。加强对规划实施情况跟踪分析，自觉接受市人民代表大会及其常务委员会的监督检查。市政府有关部门要对重点领域的发展情况适时开展专题评估。在规划实施的中期阶段，由市政府组织开展全面评估，并将中期评估报告提交市人民代表大会常务委员会审议。根据中期评估情况以及国内外形势变化需要进行修订时，由市政府提出意见，报市人民代表大会常务委员会批准。完善统计制度，加强对节能减排、劳动就业、公共服务、收入分配、房地产等统计工作，为监测评估和政策制定提供基础。

三、动员全社会共同实现规划

本规划是全市人民集体智慧的结晶，规划的落实也需要群策群力。各级政府要面向社会、面向市民，广泛采取多种形式，加强对规划的宣传，增强公众对规划的认识和了解，有效组织引导公众参与规划的实施和监督，集全市之力、集各方之智共同落实好规划，共同把首都北京、我们共同的家园建设得更加美好。